퇴_사가
간절한 날에 읽는
철학 이야기

일러두기

−모든 주석은 독자의 이해를 돕기 위한 옮긴이의 주석입니다.

−본문 속 성경 문구는 공동번역서를 기준으로 작성되었습니다.

−도서는 『 』, 논문은 ' ', 영화, 그림은 〈 〉로 표시했습니다.

−인명, 지명 등은 외래어 표기법을 따랐으나 익숙한 표현이 있는 경우 그 표기법을 따랐습니다.

퇴─사가
간절한 날에 읽는
철학 이야기

사토 마사루 지음
최현주 옮김

📖 동양북스

팬데믹 이후의 직장인을 위한
철학이 필요합니다.

코로나19 팬데믹으로 세계는 크게 변하고 있습니다.

전 세계가 무엇보다 글로벌화에 제동이 걸리면서 국가의 역할이 강화되었죠. 지금까지 사람들은 세계화에 발맞추어 영어를 익히고 세계를 누비며 일하기를 원해 왔는데, 이제 이런 흐름도 바뀌겠죠.

여러 국가의 시장 상황도 재해석 되고 있어요. 코로나19 팬데믹으로 생긴 큰 변화 중 하나는 불평등의 격차가 더 커졌다는 것입니다. 이 격차는 4가지 특성을 지니고 있어요.

첫 번째는 국가 간 격차죠.

경제적으로 잘 사는 나라와 그렇지 못한 나라가 받은 코로나19의 영향은 달랐습니다. 백신 접종에서도 국가 간 불평등이 나타났습니다. 세계적으로 볼 때 경제력이 약해 백신을 구하지 못한 나라가 많아요. 이런 상황을 본다면 조기에 백신 구매가 가능했던 국가들은 그나마 낫다고 볼 수 있죠.

두 번째는 국내에 지역 간 격차예요. 인구가 많은 도시는 감염 위험성이 높지만, 의료 시스템이 갖추어져 있죠. 반면 인구가 적은 지역은 감염 위험성이 낮지만, 의료 시스템은 취약해요.

세 번째는 계급 간 격차입니다.

코로나19로 인해 경제적으로 타격을 받았지만, 업종별로 그 정도가 달라요. 식음료 산업, 관광 산업 등이 받은 악영향은 더 컸죠. 그리고 정규직보다 비정규직이 더 어려운 상황입니다. 일하던 곳을 잃거나 일할 곳을 찾지 못하는 대다수가 비정규직 종사자예요.

마지막으로 젠더 간 격차입니다.* 특히 편모 가정이나 남편을 잃고 혼자서 생활하는 여성이 더 큰 어려움에 노출되어 있어요.

코로나19로 누구나 미래에 대해 강한 불안감을 느끼고 있습니다. 이런 팬데믹 상황에서는 발생한 문제를 해결하는 것뿐만 아니라 그렇게 된 원인을 찾는 게 더욱 중요하게 됐어요.

이 책에서 염두에 두는 점은 '일=노동'의 의미를 근원부터 생각한다는 것입니다. 저는 현대 주류 경제학에서는 거의 거론되지 않는 마르크스의 노동 가치설에 대한 언급이 필요하다고 봐요.

'노동자는 하루의 노동으로 자기 자신이 하루 생활에 필요로 하는 상품, 서비스를 구매하는 것 이상의 가치를 생산할 수 있다'라고 보는 게 마르크스의 노동가치설입니다.

우리가 아무 문제없이 일한다면 누구나 명예롭고 존엄한 생활을 할 수 있다는 거죠. 그렇지 않다면 우리 사회 시스템에 문제가 있다는 뜻입니다.

여기서 중요한 것은 사회란 인간에 의해 만들어졌다는 사실이죠. 각 개인이 변하지 않는다면 사회는 변화하지 않아요. 인간이 변하기 위해서는 무엇이 필요할까요?

그건 '철학'입니다. 이 책의 내용은 이전에 다양한 기회로 만났던 20~30대 분들에게 받은 질문을 바탕으로 구성되어 있어요. 그리고 저의 다른 인격인 '시마오'가 등장해 질문하고 제가 답하는 형식이죠.

시마오가 느끼는 불안은 현재 많은 사회인이 안고 있는 고민이기도 해요. 이 책이 일에 대한 의미를 발견하고 회사 생활을 하는 데에 도움이 되었으면 좋겠습니다.

1장　풍요에 대한 철학　돈으로 행복을 살 수 있을까?

4장 **부정적 감정에 대한 철학** 부정적인 사고를 바꿀 수 있을까?

안녕하세요.
네코노 시마오입니다.

지인의 말이 정곡을 찌른다.

나는 중소기업에 다니는 평범한 회사원으로

이름은 네코노 시마오이다.

회사는 크지 않지만 그럭저럭 안정적인 회사라 생각했는데,

코로나19 팬데믹으로 인해 업계 전체가 힘든 상황이고

상여금은 엄두도 내지 못한다.

그렇지 않아도 중소기업 월급이 많지 않은데,

앞으로 더 깎일 수 있다고 생각하니 암울하다.

회사의 미래가 불투명하다고 생각하는 동료들은

하나둘 다른 회사로 이직하고 있다.

나도 회사를 옮겨 볼 요량으로
조금씩 이직 활동을 시작했지만, 이력서에 쓰인
내 경력이나 실적을 보면서 자신한테 실망 중이다.
최근 회사에서 하는 업무라는 게,
누구든 할 수 있는 엑셀 작업이거나, 미팅 시간 조절, 연락
그리고 후배가 이끄는 프로젝트 백업 등이다.
이력서에 자랑할 만한 실적이 있는 것도 아니다.
입사 7년 차, 성공에 대한 야심이나 의지가 있는 건 아니다.
하지만 상사 말을 잘 따르고, 해야 할 일 하면서,
회사에 피해가 되지 않도록 일하려고는 한다.

그래도, 갑자기 불안해질 때가 있다.

앞으로 아무 걱정 없이 살 만큼의 돈을 모을 수 있을까?

지금 하는 일을 계속해서 할 수 있을까?

행복한 인생을 보낼 수 있을까?

이런 '미래에 대한 막연한 불안감'이

늘 나를 막연하게 감싸고 있다.

내 주변 사람들은 잘하고 있는데,

————————————   왜   내   인생은   이럴까?

내 인생은 어디에서 꼬인 걸까

그럼 신랑 이누타 군의 간단한 약력을 소개해 드리겠습니다.

신랑 이누타 군은 OK대학을 졸업하고, IT 관련 대기업에 취직해 신사업을 담당했습니다.

작년에 그 경력을 살려, 유명한 외국계 컨설팅 회사로 옮겼고, 지금은 매니저로 일하고 있습니다.

어? 시마오 아니야?

움찔

오랜만이야!

이누타는 옮긴 회사에서 연봉 1억이 넘는대.

외국계 기업이라 굉장하구나. 결혼도 하고 이누타 잘 나가네.

나는 요번에 간신히 매니저로 승진했어.

어이 그렇게 말하지 마, 대기업이라 수당도 만만치 않을 텐데.

우리 회사는 올해 상장 준비 중이야.

언제부터인지 옛 친구들을

만나는 게 두렵다.

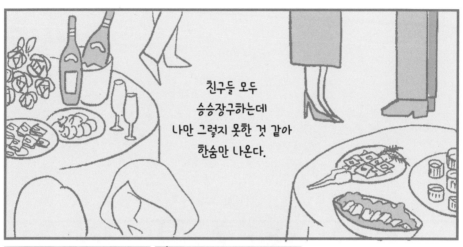

친구들 모두
승승장구하는데
나만 그렇지 못한 것 같아
한숨만 나온다.

부르르~
부르르~

응?

아 맞다, 요전 면접
봤던 곳에서 온 거구나!

(주)○○○안내문
채용 담당
이번에 저희
진심으로 감사
보내드립니다.
매우 아쉽지만

또
떨어졌네.

이직 활동을 시작한지 두 달 정도 되었는데,
회사 6곳에서 떨어지니까

세상으로부터 '너 같은 존재는 필요 없어'라고
외면당하는 느낌이다.

네~
다음은
신랑·신부가
오늘을 기념해
만든 영상을
보겠습니다.

결혼식에
안 오면
미안할 것 같아
왔는데,
역시 오지
않는 게
나을 뻔 했네.

연봉 1억...

고민은 단순하지 않다.
삶에 지친 당신을 위한 철학 이야기

그 본질이 무엇인지 깨달으면
문제는 언제든지 해결할 수 있습니다.

내 인생은

어디에서
꼬인 걸까?

1장. 풍요에 대한 철학

— 돈으로 행복을 살 수 있을까?

벌써 8년 전 일이다. 나는 대학교 4학년 여름 방학 때,

사토 마사루 씨 집에서 고양이를 돌보는 아르바이트를 한 적이 있다.

사토 마사루 씨는 신학 연구자이고 외교부에서 일했다.

그는 고양이 습성부터 국제 정세, 철학, 정치, 역사까지 방대한 지식을 가지고 있으며

날카로운 통찰력을 가지고 있어 '지(知)의 석학'이라 불린다.

사토 씨는 고양이를 돌보고 있는 나에게 여러 가지 이야기를 흥미롭게 들려 주었다.

대체로 그는 최신 뉴스, 재밌게 보았던 영화 등 세상 돌아가는 이야기로 대화를 시작하면서

그 이야기 기저에 흐르는 인간의 생각, 국가 간의 보이지 않는 정세 등을

나에게 가르쳐 주었다.

사회생활을 시작한 지 1년, 나는 내 미래를 걱정하면서 다시 사토 씨 댁을 방문했다.

고민은 쪼개서 생각하자

시마오

사토 씨, 갑자기 뵙고 싶다고 전화드려서 죄송합니다.

사토

아닙니다. 오랜만이라 반가웠어요.

시마오

감사합니다. 사실 요즘 계속 고민되는 게 있어서요.

사토

고민이요? 주로 어떤 고민을 하시나요? 일? 돈? 인간관계?

시마오

전부 해당되네요. 회사 실석이 좋지 않으니 연봉은 줄고, 제 입으로 말하기 뭐하지만 회사의 중요 업무에서는 배제된 채 단순 업무만 하고 있어요. 그렇다고 상사와의 관계가 좋은 편도 아니고, 후배에게도 밀리고 있어요. 솔직히 말씀드리면, 제가 앞으로 어떻게 일을 해야 할지 모르겠어요.

사토

차분히 이야기 해 봅시다. 즉, 회사에서 자신이 어떻게 될지 몰라 불안하다는 거네요.

시마오

맞아요. 앞으로 어떻게 일을 해야 할지 모르겠고, 제 미래도 불안하고요. 어릴 때와 달리 저를 지켜 주는 이가 아무도 없는 느낌이라고 할까? 말하자면 허허벌판에 홀로 서 있는데 한 발짝도 움직이지 못하는 느낌이에요.

사토

시마오 씨가 막연히 느끼는 고민이 뭔지는 알 것 같네요. 사람들이 하는 고민이나 세상사의 다양한 문제점은 세부적으로 쪼개 생각해야 해요. 우선 주변 사항을 정리하고, 고민의 내적 논리 즉, 본질을 파악하는 것이죠.

시마오

내적 논리가 뭔가요?

사토

고민이란 게 단순하지 않고 복잡해요. 한 가지 고민이 다른 고민과 이어지면서 복잡하게 얽히게 되는 거죠. 그러니 하나하나 순차적으로 풀어나갈 필요가 있어요. 지금 시마오 씨 마음에 가장 걸리는 게 뭔가요?

시마오

이직이 마음처럼 안 되는 게 제일 신경 쓰이는데요. 달리 생각하면 그게 아닌 것 같기도 해요. 진짜는 돈 걱정일지 모르겠네요. 같이 일하는 동료들은 회사 매출이 떨어지면서 점점 회사를 옮기고 있어요.

사토

큰일이네요.

시마오

일 잘하는 사람들이 자꾸 그만두니까 불안해서 이직 활동을 시작했는데, 희망했던 급여 조건과 전혀 맞지가 않아요. 지금 받는 급여보다 많이 깎이고요.

사토

그렇습니까? 요즘은 예전보다는 이직하기 쉬워졌지요. 그래서 자신이 채용 시장에서 어느 정도의 가치가 있는지 엄밀히 판단할 필요가 있어요.

시마오

네, 지금 제 현실을 깨닫고 있습니다. 여러 군데 지원서를 보내놓고 기다리는데, 같이 일했으면 하는 회사는 지금 받고 있는 월급의 3분의 2 정도 연봉을 제시하시더라고요. 제시된 금액이 제 가치에 대한 평가라고 생각하면 앞으로도 계속 나는 이 모양 이 꼴이겠구나 싶어서 한숨이 나와요.

사토

자본주의에서는 인간의 노동력이 상품이니까요. 기업은 이익을 내기 위해서 노동력의 적정 가격을 매의 눈으로 찾고 있어요. 그럼 시마오 씨는 돈을 많이 벌고 싶은 건가요?

시마오

어……, 아니요……. 확실히 돈을 원하기는 하지만, 돈을 위해 일만 하는 인생도 싫어요. 제 아버지가 워커홀릭이셔서 나름 집안은 풍족했던 것 같은데, 어렸을 때 아버지가 놀아주신 기억이 별로 없어요. 아버지는 휴일 대부분을 회사 동료들과 골프를 치셨어요. 그런데 퇴직하고 난 지금은 만나자고 하는 친구도 전혀 없으시고, 집에서 신문 보시고 산책하세요. 그렇다고 어머니하고 잘 지내시는 것 같지도 않고요. 돈을 위해 일만 하는 인생은 허무하다고 생각해서 그리 돈에 집착하지는 않았는데, 실제로 잘 벌지 못 하는 자신을 마주하니 참담하네요.

사토

시마오 씨의 아버지 세대는 일을 열심히 하는 게 미덕이었죠. 그게 성공이라고 생각했던 세대니까요.

시마오

네! 저는 그렇게 살고 싶지 않아서 지금 회사도 워라밸이 가능한 곳이라 다니기로 정했었어요. 그런데 이 나이가 되니, 동창들과 월급 차이가 나서, 저보다 더 많이 버는 걸 보니까 부럽네요. 그리고 적잖이 인생에서 패배한 느낌이 드는데, 왜 이런 기분이 들까요?

사토

돈이 없는 것보다는 있는 편이 좋으니까요.

시마오

맞아요. 굉장히 많이 벌고 싶다는 말은 아니지만 돈은 원해요. 그런 생각을 하다 보니 제게 있어 '풍요로운 인생이란 대체 뭘까?'라는 생각이 들더라고요.

사토

풍요라는 게 뭘까요?

시마오

음……. 돈이 전부가 아닌데, 저도 모르게 돈을 기준으로 삼네요. 아마도 제가 현재 자신감을 갖지 못하는 이유 대부분은 연수입이 적기 때문이지 않을까 생각해요.

사토

그렇군요. 시마오 씨가 고민하는 걸 조금 알겠어요. 그렇다면 돈과 풍요를 생각하기 전에 먼저 사회라는 큰 틀에서 돈의 역할을 생각해 보죠.

시마오

듣고 싶어요!

모든 욕망을 돈으로 살 수 있을까?

사토

'풍요'가 무엇인지 정의하는 것은 시마오 씨 말대로 매우 어려워요. 개인에 따라 사회에 따라 '풍요함'을 느끼는 방식은 매우 다르죠. 그럼 자본주의 사회에서 돈이 풍요의 척도가 된 이유는 뭐라고 생각하세요?

시마오

돈이 있으면 무엇이든지 살 수 있기 때문이죠.

사토

네. 자본주의 시스템 안에서는 돈으로 상품이나 서비스뿐만 아니라 '욕망'도 살 수 있어요. '다정함을 느끼고 싶다', '감동받고 싶다', '도와주고 싶다'라는 인간 욕망이나 감정을 만족시켜 줄 상품이 만들어지는 것이 시장 자유화 원리죠.

시마오

욕망을 산다?

사토

예를 들면, 잘못된 방법이지만 '사랑받고 싶다'라는 욕망을 유흥업소에 가서 사기도 하잖아요.

시마오

네, 그렇네요.

사토

또한 고가의 의료 서비스를 받아 '수명'을 살 수도 있어요.

시마오

목숨까지도 살 수 있는 세상이라는 말씀이시군요.

사토

일반적 기준에서 너무 벗어난 행위는 법으로 금지되어 있지만, 국가에 힘이 없으면 규제할 수 없게 되죠. 소련 붕괴 후 모스크바에서 돈이면 살인도 쉽게 의뢰할 때가 있었으니까요. 아마 몇 백만 원에서 이천만 원 정도였을 거예요.
러시아 친구가 저에게 "자네가 죽이고 싶은 사람이 있으면 언제든지 말해"라고 말한 적이 있어요.

시마오

아……, 굉장하네요.

사토

또 다른 러시아 지인을 통해 "사람한테 너무 원망 살 짓은 하지 마. 얼마 되지 않는 돈으로 자네가 죽을 수도 있어"라고 경고를 받은 적도 있고요.

시마오

아, 경고요.

사토

요컨대 돈의 가치가 중요해진 사회에서는 무엇이든 금전적 가치로 대체될 가능성이 있어요. 돈을 갖는 게 권력이 되죠. 그래서 사람들은 돈이 '전지전능'하다고 쉽게 착각해요.

돈 자체를 숭배해서는 안 돼요

사토

아까 시마오 씨는 돈을 갖고 싶다고 했는데 그 이유가 무엇인가요?

시마오

네? 이유요? 사람들은 보통 돈을 원하지 않나요?

사토

사람들은 왜 돈을 원할까요?

시마오

그건, 원하는 것을 살 수 있고, 좋은 곳에 거주할 수도 있으니까요.

사토

갖고 싶은 것? 무엇을 갖고 싶은데요?

시마오

아니요, 지금 당장은 딱히 없는데요.

사토

시마오 씨는 돈을 원하고 있어요. 왜냐하면 돈을 원하니까
요. 그런 거예요.

시마오

무슨 뜻이죠?

사토

즉, 뭔가를 원하는 것이 아니라, '돈' 그 자체, 지폐나 화폐를
원해요. 나는 그런 사람을 배금주의자라고 불러요. 배금주
의자는 자신의 인생 가치를 돈으로만 생각해서, 목적 없이
돈을 모으려는 사람들이죠.

시마오

찔리네요!

사토

왜 돈을 숭배해서는 안 된다고 할까요?

시마오

돈벌이만을 목적으로 사람이 움직이려고 하니까요?

사토

아니요, 돈 버는 자체가 나쁘지는 않아요. 번 돈을 자기 소유로 만들어 버리는 게 나쁘다고 하는 거죠.

시마오

자기 소유?

사토

부자에도 여러 종류가 있어요. 신약성경의 마태오 복음에는 '땅에 재물을 쌓아서는 안 된다'라는 구절이 있어요.

> 재물을 땅에 쌓아 두지 마라. 땅에서는 좀먹거나 녹이 슬어 못쓰게 되며 도둑이 뚫고 들어와 훔쳐간다. 그러므로 재물을 하늘에 쌓아 두이라. 거기서는 좀먹거나 녹슬어 못쓰게 되는 일도 없고 도둑이 뚫고 들어와 훔쳐가지도 못한다. 너희의 재물이 있는 곳에 너희의 마음도 있다.
>
> 마태오 복음(공동번역) 6장 19-21절

땅에서 쌓은 부는 자기만을 위해 돈을 모으는 것과 같기에, 기독교에서는 지상에서의 부를 악으로 보고 있습니다. 우리가 가진 능력은 신이 주신 것이기 때문에 다시 그것을 신에게 돌려 주어야 한다고 생각합니다. 그러나 신에게 직접 돌려 줄 수 없으니까 이웃에게 돌려 주자는 것이지요.

복음서

기독교에서는 성경을 '구약'과 '신약'으로 나눈다. 구약은 유대교에서도 읽는 성경이며, 신약은 기독교도이자 예수의 제자들이 쓴 성경이다. 신약이란 예수를 통해 신과 맺은 새 언약을 의미한다. 신약에서 예수의 언행을 기록한 마태오 복음(혹은 마태 복음), 마르코 복음(혹은 마가 복음), 루가 복음(혹은 누가 복음), 요한 복음은 전 세계적으로 널리 읽히고 있다. '복음'이란 '기쁜 소식'을 뜻한다.
애니메이션 〈에반게리온〉은 '복음'을 뜻하는 그리스어 유앙겔리온, 라틴어 에반젤리움에서 따왔다.

시마오

신에게 받은 것은 신 대신 이웃에게 돌려 주어야 한다는 가르침 때문에, 서양에서는 자선이 널리 퍼져 있는 걸까요?

사토

재단 등을 만들어 막대한 금액을 기부하는 자본가가 한국, 일본보다 훨씬 많죠. 미국의 유명한 석유왕 록펠러는 사업가로서 성공한 후에, 록펠러 재단을 설립하여 연구와 교육 등을 지원했어요. 그는 "세상에서 가장 가난한 사람은 돈 이외에 아무것도 가진 것이 없는 사람이다"라는 말을 남겼죠.

시마오

맞아요. 미국 드라마를 보면, 항상 자선 파티 장면이 있어요.

사토

또한 마태오 복음에는 "너희는 하느님과 재물(Mammon, 마몬)을 아울러 섬길 수 없다."[1]라는 가르침도 있어요.

❶
마태오 복음(공동번역)
6장 24절

시마오

원서 성경에서 재물을 뜻하는 마몬(Mammon, 富)은 어디에서 유래되었나요?

사토

마몬은 예수가 사용했던 '재물(富)'을 뜻하는 아랍어예요. 한국어판 성경에서는 '재물'로, 영어에서는 'Money'로 번역되어 있지만, 원래는 번역할 수 없는 단어예요.
그 이유는 '재물'로 번역하게 되면, 마치 마몬이 '형태를 갖춘 물건'처럼 느껴지기 때문이죠.

시마오

그럼 원서에 쓰인 '마몬'은 형태가 없는 건가요?

사토

네, 번역된 재물이라는 단어는 형태가 있는 돈으로 생각하기 쉽지만, 본래 부(富, Mammon)는 실체가 없어요. '부'는 여러 가지 형태로 변화되기 때문에, 인간은 '부'의 실체를 알 수 없어요. 그래서 쉽게 지배당하게 되는 거죠. '부'의 실체를 알지 못하니까 거부하기 어려워요. 그래서 예수는 '마몬=부'라는 표현을 통해 "마몬을 조심하라"라고 제자에게 전달했던 거죠.

시마오

예로부터 지금까지 인간의 본질은 변하지 않는군요.

사토

네, 변하지 않아요. 불교, 이슬람교에서도 비슷한 생각을 해요. 세상에 존재하는 모든 종교에서 생각하는 '풍요'의 개념은 "부를 멀리해야 '풍요'를 얻을 수 있는 것"이라는 거죠.

시마오

부를 멀리해야 풍요를 얻을 수 있군요!

사토

부와 풍요가 같지는 않은데, 주의를 조금만 기울이지 않아도, 부는 풍요나 신보다 위에 있으려고 하는 위험한 속성을 내포하고 있죠. 그래서 모든 종교가 수천 년 전부터 '돈'을 경계해 왔던 거죠. 돈을 숭배한다는 것은 모든 것을 돈으로 환산한다는 의미예요. 종교가 수천 년에 걸쳐 터득한 지혜로 돈을 숭배하지 않도록 가르치는 거죠.

시마오

제가 종교를 잘 몰라요.

사토

특정 종교를 믿지 않아도, 여러 가지 형태로 '신앙'은 우리 생활 속에 스며들어 있어요. 수천 년 전부터 전해 내려오는 종교는 역사를 움직였던 인간들의 생각, 그 생각의 근본이 되는 보편적 진리, 즉 역사적 집단지성이라 볼 수 있죠. 그런 의미에서도 종교로 부터 배울 수 있는 게 많아요.

부를 도덕적 관점으로
바라본 애덤 스미스

시마오

부에 실체가 없다면 부는 도대체 무엇으로 확인할 수 있을까요?

사토

'부란 무엇인가?'를 연구한 사람이 바로 영국의 경제학자 애덤 스미스(Adam Smith)예요.

시마오

그 사람이 누군가요?

사토

애덤 스미스는 『국부론』 등의 저서로 알려진 경제학자예요. 그는 '보이지 않는 손'이 시장의 생산성을 극대화한다는 이론을 주장했어요. '근대 경제학의 아버지'라고도 불리지요.

시마오

저한테 알기 쉽게 설명해 주시겠어요?

부(富)가 아무리 늘어나도
만족할 수 없다면 무슨 의미가 있을까?

애덤 스미스
Adam Smith
1723~1790년

영국의 경제학자이며 철학자이다. 저서로는 『도덕감정론』, 『국부론』 2권이 있다. 『국부론』으로 알려진 원제를 직역하면 '국민 부의 본질과 원인에 관한 연구'이다. 당시 중상주의(重商主義)를 비판하였고, 시장 경제가 국가의 부를 늘릴 수 있다고 주장했다. 그는 시장 효과를 '보이지 않는 손'에 비유했으며, '근대 경제학의 아버지'라고도 불린다.

사토

우선 역사적인 이야기부터 합시다. 애덤 스미스가 살았던 18세기에는 유럽 국가들이 '중상주의' 경제 정책을 취하고 있었어요.

시마오

중상주의가 뭔가요?

사토

간단히 말하면 수출을 한 후, 전 세계에서 대금으로 금이나 은, 그에 준하는 화폐를 받아 모으면 그 자체가 국가의 부라고 생각한 건데, 애덤 스미스는 그것을 비판했어요. '부'는 귀금속 등을 말하는 것이 아닌 인간의 노동에서 생겨나는 것이라고 애덤 스미스는 생각했죠. 이 가설이 노동가치설이에요.

즉 국민의 노동으로 생산되는 필수품이 바로 부이며, 시장에 의해 생산성을 높이는 것이 나라를 풍요롭게 만든다는 거죠.

시마오

돈보다는 국민의 생활이 더 중요하다는 것이군요.

사토

생산성을 높이기 위해서 '분업'이 필요하다고 생각한 것도 애덤 스미스였어요. 예를 들어 빵을 만드는데 한 사람이 혼자서 밀도 키우고, 반죽도 하고, 빵도 굽는다면 상당히 힘들겠죠.

시마오

밀 농사는 농부에게 맡기는 것이 낫겠네요.

사토

맞아요. 하나의 상품을 만드는 과정을 나눠서, 각자 잘하는 사람이 맡는 게 생산성을 높일 수 있는 방법이라고 스미스는 생각했어요.

시마오

저도 잘하는 일만 할 수 있다면 편할 텐데! 그렇다면 일에 따라 잘할 사람에게 할당하는 작업을 누군가 해 주면 사회는 잘 돌아가겠네요.

사토

그런데 애덤 스미스는 그런 역할을 아까 말했던 '보이지 않는 손' 즉 시장이 하는 역할이라 생각했죠.

애덤 스미스는 개인이 자신의 이익을 위해 행동한다면, 시장이 작용하여 결과적으로는 생산성이 극대화된다고 주장했어요. 시장의 역할이 잘 이루어지면 국가의 관리 등은 필요 없게 되죠. 이게 바로 현대 자유주의 경제 이념의 기본인 '자유방임주의'예요.

시마오

현대 자본주의 약육강식 사회는 그가 말한 대로 된 거네요.

사토

단, 애덤 스미스도 약육강식 사회가 좋다고 생각했던 것은 아니에요. 그는 자신이 저술한 『도덕감정론』이란 책에서 인간은 단순히 이기적인 존재가 아니라 사회적인 존재라고 말했어요.

시마오

사회적인 존재가 뭔가요?

사토

음. 인간에게는 '공감'이라는 마음이 있어서 그것이 사회에서 '도덕'이나 '규범'을 만든다는 거죠. 그래서 시장 작용에 따라 부자와 가난한 사람들 사이에서 '부의 재분배'가 이루어진다고 생각했던 거예요.

시마오

인간에게 공감력이 있어서 시장도 건전하게 돌아가고, 가난한 사람도 최소한의 삶을 영위할 수 있다는 거네요.

사토

물론 실제는 그렇게 단순하진 않지만, 어느 정도는 맞는 생각이에요.

왜 돈에 대한 욕구는 끝이 없을까?

시마오

부라는 것은 돈과 같은 재화가 아닌 인간의 노동에서 나오는 가치잖아요. 하지만 인간은 쉽게 돈에 지배당하니 조심하지 않으면 안 된다는 걸까요?

사토

네 그렇죠.

시마오

뭐 그렇게 말해도, 사람들 대부분은 돈을 원하지 않을까요? 저보고 배금주의자라고 말한다 하더라도 제 생각을 바로 바꿀 수 있을지는 모르겠네요.

사토

왜 돈을 갖고 싶어 하나요? 그건 사람들이 돈이면 뭐든지 할 수 있다고 착각하는데다 인간의 돈을 갖고 싶다는 욕구에는 제한이 없기 때문이지요.

시마오

돈에 대한 욕구에 제한이 없다는 게 무슨 뜻인가요?

사토

예를 들어, 고급 식당에서 한 끼에 이십만 원 하는 초밥을 먹을 수 있다면 먹고 싶겠죠?

시마오

물론이죠!

사토

그런데 그 초밥을 365일 먹을 수 있다면?

시마오

그건 싫네요.

사토

그럼 시마오 씨가 다른 사람한테 십만 원을 받았다고 합시다. 그 후 또 백만 원을 준다고 한다면 갖고 싶지 않나요?

시마오

물론 갖고 싶죠.

사토

거기에 추가로 천만 원을 줄 사람이 있다면요? 또, 1억 원을 줄 사람이 나타나면요?

시마오

천만 원이든 1억이든 다 받고 싶어요. 알겠어요! 돈에 대한 욕구에 제한이 없다는 의미를요.

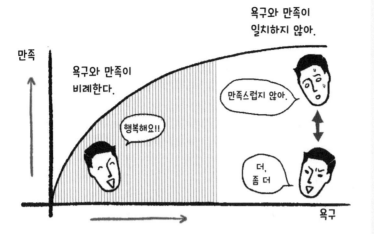

사토

그래요. 사람은 먹을 수 있는 양, 가질 수 있는 물건 수도 한계가 있는데, 돈은 아무리 늘어도 충분하다는 느낌이 없죠. 그래서 돈이 무섭다고 하는 거예요. 아무리 많이 벌어도 사람은 어느 일정 정도를 넘으면 자신의 욕망을 만족시킬 수 없게 되거든요. 이것을 경제학에서는 '한계효용 체감의 법칙'이라 하죠.

시마오

한계효용 체감의 법칙이 뭔가요?

사토

'효용'이란 경제학 용어로 재화나 서비스를 소비했을 때 얻을 수 있는 만족도이고, '한계효용'은 소비량을 하나 더 늘렸을 때 얻을 수 있는 만족도를 말해요. 그 만족도가 체감한다는 의미는 재화나 서비스의 소비량이 늘어도, 만족도는 그만큼 상승하지 않는다는 뜻이지요.

시마오 씨! 목이 마를 때 마시는 맥주 첫 잔은 어떠세요? 맛있죠?

시마오

최고죠!

사토

그럼 두 잔째, 세 잔째, 열 잔째는 어떠세요?

시마오

점점 술맛이 떨어지겠죠.

사토

그런 거예요.

시마오

갖고 싶다는 욕망이 아무리 커도, 거기에서 얻을 수 있는 만족은 한계가 있다는 의미인가요?

사토

네, 맞아요. 돈은 아무리 많아도 만족이 되지 않기 때문에 돈이 늘어나는 그 자체에서 기쁨을 느끼는 거죠.

돈의 페티시즘

사토

돈 이야기가 나왔으니 간단히 자본주의 시스템을 좀 설명해
보죠. 독일의 사상가 마르크스(Karl Marx)는 아시죠?

시마오

마르크스는 소련을 만든 사람이었나요?

사토

아니에요. 소련을 만든 사람은 러시아 혁명을 주도한 레닌
이에요.

시마오

죄송해요!

사토

아닙니다. 일반적으로 마르크스는 공산주의·사회주의 사상
의 시조로 알려져 있으니까요. 헷갈리죠! 마르크스는 자본
주의 사회에서 자본가 계급은 노동자 계급으로부터 부를 착

취하기 때문에, 이를 시정하기 위해서는 계급 투쟁이 필요하다고 주장한 인물이에요.

시마오

마르크스가 혁명가라는 것은 알고 있었어요. 그런데 제가 갖는 그에 대한 이미지는, 솔직하게 말하면 위험스러운 인물이라는 느낌이 있죠.

사토

마르크스 사상에 위험스러운 내용이 있는 건 사실이에요. 그는 자신이 태어난 독일(당시는 **프로이센 왕국**)에서 추방되어 프랑스와 영국을 돌아다니며 집필 및 사회 운동을 계속했었어요. 그가 버틸 수 있었던 건 동지 프리드리히 엥겔스(Friedrich Engels) 때문이죠. 주요 저서로는 유명한 『자본론』이 있어요.

카를 마르크스
Karl Marx
1818-1883년

자본주의 이상하지 않아?

독일 사상가. 인간 사회의 역사는 계급 갈등을 극복하면서 발전해 나갔다고 마르크스는 생각한다. 그는 이런 근거로 자본주의는 머지않아 붕괴하고, 사회주의·공산주의로 나아가지 않으면 안 된다고 했다. 그러기 위해 노동자 계급은 단결하여 혁명을 일으켜야 한다고 주장했다. 동지 프리드리히 엥겔스와 함께 활동했으며, 『공산당 선언』, 『루이 보나파르트의 브뤼메르 18일』, 『자본론』 등 방대한 저서를 남겼다.

시마오

아, 알아요!

사토

그가 『자본론』을 쓴 목적은 사회를 바꾸기에 앞서 사회 시스템인 자본주의 경제를 설명하기 위함이었어요.
마르크스는 『자본론』에서 화폐에는 '물신성(物神性)' 즉 '물신적 성격'이 있다고 말해요.

시마오

물신성이 뭐예요?

사토

페티시즘(Fetishism)이죠. 'ㅇㅇ페티시'라는 식으로 쓰이기도 하죠? 이건 물신숭배, 즉 어떤 물건에 초자연적 힘이 깃들여 있다고 믿고 이를 숭배하는 것을 말하죠.

시마오

돈이라는 '물건'을 신처럼 숭배한다는 말인가요?

사토

맞아요. 그런 '물신성'이야말로 마르크스가 기본적인 자본주의 시스템을 설명한 획기적인 개념이었죠.

시마오

저희는 '화폐 페티시(배금주의자)'인가요?

사토

네. 맞아요. 마르크스는 자본주의 시스템에 의문을 품고, 사회를 확 뒤집고 싶어서 공산주의 혁명을 목표로 했었죠. 저는 마르크스의 이와 같은 혁명론은 받아들이지 않지만, 자본주의를 이론적으로 설명한 내용으로 보자면 현재까지 충분히 통용되는 이론이라고 생각해요.

자본주의가 낳은 가치의 왜곡

시마오

『자본론』에 관해 저도 이해할 수 있게 좀 더 설명해 주시겠어요? 자본주의 사회에 살고 있는데, 제가 자본주의 시스템을 잘 이해하지 못했던 것 같네요.

사토

네에. 간단히 설명드리죠. 마르크스는 자본주의 사회에서는 생산 수단을 가진 자본가(부르주아) 집단과 그 자본가 밑에서 일하는 노동자(프롤레타리아) 집단 두 부류로 나눌 수 있다고 말했어요.

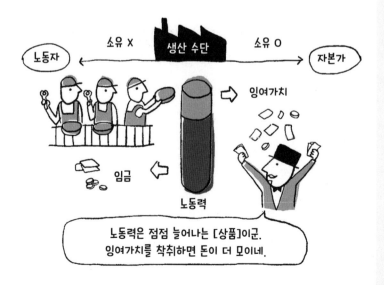

시마오

부르주아(자본가)와 프롤레타리아(노동자)로 나누어지는구나.

사토

마르크스에 의하면 노동자는 '노동력(노동하는 능력)'이란 상품을 팔아 돈을 벌 수밖에 없는 사람을 말한다고 했어요. 노동자는 아무리 노력해도 부자가 될 수 없어요. 왜냐하면 자본가는 노동자를 최대한 싼 임금을 주고 일을 시키고, 발생한 이익(잉여가치)은 노동자에게 분배하지 않고 자기 소유로 만들기 때문이에요. 이를 마르크스는 자본가에 의한 '착취'라고 불렀던 거죠.

시마오

그러면 저는 프롤레타리아, 즉 노동자네요.

사토

그렇죠. 현대 시대에 직장인 대부분은 '프롤레타리아'로 볼 수 있죠. 앞에서 애덤 스미스에 관해 설명했을 때 언급했는데, 자본주의 사회에서는 '분업'이 발달하죠. 예를 들어 그릇 만드는 사람은 접시나 컵을 계속 만들 거예요. 이렇게 많이 만들어진 식기는 당연히 본인이 전부 사용하려고 했던 게 아니잖아요?

시마오

식기를 팔아, 돈으로 바꾸려고 했겠죠.

사토

맞아요. 원시 사회에서는 물물교환을 했겠지만, A가 원하는 것과 B가 원하는 것이 늘 일치했다고는 볼 수 없죠. 그래서 생겨난 게 '돈=화폐'인 거예요.

여기서 말하는 '돈'이 반드시 화폐만을 말하는 것은 아니에요. 소련 붕괴 전후 모스크바에서는 '말보로' 담배가 돈 대신 사용됐어요. 이처럼 어떤 '기준'으로 상품을 계산하는 것을 마르크스는 '가치'라고 불렀죠. 그리고 만든 식기를 사용하여 얻을 수 있는 유용성을 '사용가치'라고 했어요.

시마오

'가치'와 '사용가치'로 나눈다는 말이죠.

사토

상품은 사용 및 소비되기 위해 만들어지지만, 상품 교환이 시작되면 그 사용가치보다 가치가 더 중요하게 되죠. 즉 화폐로 상품을 살 수 있지만, 상품이 있어도 그게 팔려 화폐가 될 보장은 할 수 없다는 게 상품과 화폐의 비대칭성이에요.

시마오

상품과 화폐의 비대칭성?

사토

간단히 말해 돈만 있으면 뭐든 살 수 있지만 그 반대로 상품이 전부 돈으로 바뀌지는 않아요. 그래서 화폐가 교환되는 재화나 서비스보다 더 강하게 보이는 거죠. 마치 '돈' 자체에 재화나 서비스보다 더 강한 힘이 있는 것처럼 말이죠.

시마오

눈앞에 있는 물건보다 우월한 힘, 그것이 화폐를 신과 동등하게 느끼게 만드는 이유인 거네요.

사토

네. 그래서 인간이 화폐를 숭배하는 거죠. 거기에 돈의 본질, 돈을 중심으로 돌고 있는 사회의 본질이 있는 거고요.

돈에 대한 가치는
믿음에서 온 것이다

사토

여기 5만 원짜리 지폐 한 장이 있어요. 이 지폐 한 장 발행 원가를 200원이라 합시다. 원가 200원 정도로 만들어진 지폐가 5만 원의 가치를 가지고 있는 거죠. 우리는 이 지폐를 얻기 위해 매일같이 일을 하고 때로는 범죄까지 저지르게 되죠. 왜일까요?

시마오

어, 다들 그걸 돈으로 생각하니까요?

사토

네. 은행이나 정부가 그 가치를 보증해 주기 때문이죠. 그리고 많은 사람들이 '한국이라는 나라는 안전하다'라고 생각하죠. 이것을 경제학에서는 '신용'이라고 해요. 우리는 화폐를 믿고 있는 '화폐교' 신자인 거죠.

시마오

우리가 화폐 페티시 즉 화폐를 숭상한다는 의미인가요?

사토

좀 더 말하자면 환상이죠. 국가에 무슨 일이 생기면 돈의 가치는 금방이라도 없어지니까요.

시마오

상상이 안 가네요.

사토

저는 그런 체험을 한 번 해 봤어요. 소련 주재 대사관에서 근무했던 1991년 1월이었죠. 밤 9시 뉴스를 보고 있는데 아나운서가 "오늘 24시를 기점으로 50루블, 100루블 지폐는 사용할 수 없게 됩니다"라고 말하는 거예요.

시마오

돈이 한순간에 종잇조각이 되어버렸으니, 어안이 벙벙했겠군요.

사토

국가가 신용을 잃으면 그렇게 된다는 거죠. 실제로 그전부터 루블 가격은 폭락하고 있었어요. 한국도 국채를 갚을 수 없는 상황이 되면 원의 가치는 폭락하겠죠.[2] 최근 유행하는 비트코인 등 가상화폐(암호자산)는 지폐와 같은 실체조차 없어요. 바로 욕망과 기대만으로 가치가 생겨난 거죠.

[2] 1997년 외환위기 당시 한국도 부채 상환에 어려움을 겪었다.

시마오

하지만 우리는 앞으로도 자본주의 사회 속에서 살아가야겠
죠. 돈과 어떻게 지내야 하는지도 생각해 봐야 될 것 같아요.

사토

돈을 부정해서도 안 되겠지만, 돈 자체를 가치로 생각해서
도 안 돼요. 결국 중요한 것은 사람 각자가 가치관을 어디에
두고 사느냐에 대한 문제로 귀결되는 것 같아요.

풍요로움을 느끼기 어려운 현실

시마오

'가치관을 어디에 둘 것인가'에서 그 어디를 정확히 정하는 작업이 어렵습니다. 그 작업이란 게 자기에게 맞는, 자기다운 삶을 살라는 뜻이겠죠?

사토

답은 간단하지만 말한 대로예요. 예를 들자면 마크 보일(Mark Boyle)이라는 영국인은 『돈 한푼 안 쓰고 1년 살기[❸]』라는 책을 썼는데, 그는 1년 동안 전혀 돈을 쓰지 않고 생활하는 체험을 했어요.

❸
한국어판, 부글북스,
2010, 원제는 The
Moneyless Man: A
Year of Freeconomic
Living

시마오

그 책을 읽은 적이 있어요! 돈은 일절 쓰지 않죠. 컴퓨터뿐만 아니라 캠핑카를 친구에게 받고, 식사는 마트에 버려진 식료품을 주워 먹었어요. 자기만의 방식으로 삶을 풍요롭게 즐기는 사람인 거죠.

사토

물론 누구나 할 수 있는 일은 아니지만, 이런 라이프 스타일도 삶을 살아가는 하나의 가치관이죠. 영국의 경제학자 케인스(John Maynard Keynes)를 아세요? 케인스는 '우리 손주 세대의 경제적 가능성'이라는 강연에서 '100년 후, 미래는 경제 성장과 과학기술의 발전으로 하루 3시간만 일해도 되는 시대가 올 가능성이 있다'라고 말했어요.

시마오

케인스가 말한 시대는 아직 먼 것 같네요!

사토

허허허, 확실히 그렇네요. 다만 케인스가 말했던 내용은 좀 더 본질적인 것으로 다음과 같아요.

> 인류가 창조된 이후 처음으로, 눈앞에 놓인 경제적 문제로부터 어떻게 자유를 누릴 것인지, 과학과 복리 계산을 활용해 만들어진 여가를 현명하고, 바르게, 훌륭하게 보내기 위해 어떻게 해야 할지 고민하고 있다. (중략) 여유와 과잉의 시대를 두려움 없이 맞이할 수 있는 나라나 민족은 하나도 없을 것이다. 우리는 너무 오랫동안 사람은 열심히 일해야지 놀아서는 안 된다고 훈련받았기 때문이다. 특별한 재능도 없는 보통 사람들이 여가에 몰입할 수 있는 무언가를 찾는다는 것은 어려운 문제일 수 있다.
>
> 우리 손주 세대의 경제적 가능성, 존 메이너드 케인스, 1930

시마오

사람은 열심히 일해야만 하고 놀아서는 안 된다고 훈련받았다는 건가요?

사토

네. 케인스는 일해서 돈을 버는 게 당연한 가치로 받아들여지는 곳에서 인간이 노동으로부터 자유로워졌을 때, 무엇을 해야 할지 몰라 당황할 거라 보았어요. 케인스는 설령 이런 경우가 오더라도 인간들은 여전히 여가를 즐기지 못하고 하찮은 일을 구할 거라고 비꼬아 지적하기도 했죠. 자본주의 사회에 익숙한 우리가 삶의 여유로움 즉 풍요를 느끼기가 쉽지 않다는 것이죠.

존 메이너드
케인스
John Maynard
Keynes
1883-1946년

살아간다는 의미는
돈을 버는 것과는 별개이지.

영국의 경제학자이며, 재정 및 금융이라는 전반적인 관점에서 경제 활동을 분석한 '거시경제학'을 확립시킨 대표적 인물이다. 저서로는 『고용, 이자 및 화폐에 관한 일반이론』 등이 있다. 시장에 의한 자유방임주의는 경제를 불안하게 만들 수 있고, 이럴 때 정부에 의한 적극적인 재정정책이나 공공투자가 유효하다고 주장했다. 이러한 케인스 경제학의 이론을 지지하는 사람을 '케인스 학파'라고 부른다.

자각과 단념이 중요

시마오

그동안은 그저 돈을 벌어야겠다고 생각만 했는데, 제 생각이 자본주의 안에 갇혀 있는 것일 수도 있겠네요.

사토

적을 알고 나를 알면 백전백승이라 했잖아요. 즉 마르크스의 사고방식을 알면 돈이 어떻게 이 사회를 움직이는지 객관적으로 볼 수 있을 거예요.

시마오

그렇겠죠.

사토

시마오 씨는 회사원이죠? 회사원으로 일할 때, 본인은 자본가가 아닌 노동력을 파는 노동자라는 '자각'과 그래서 수입에 제한이 있다는 '단념'이 중요하거든요.

시마오

자각과 단념이요?

사토

자신이 자본가가 아닌 노동자라는 것을 인식하고 자본가가
되지 않는 한 막대한 재산을 쌓을 수 없다는 것을 판단한다
는 것이죠.

시마오

그렇게 정확히 말씀하시니, 뭔가 미래가 없는 듯하네요!

사토

그게 꼭 부정적인 의미의 포기는 아니거든요. '자각'과 '단념'
두 가지를 인지한 후에, 돈으로 얻을 수 없는 게 무엇인지 스
스로 생각하는 게 '인생의 풍요로움'으로 이어집니다. 자각
이나 단념을 구별하지 못하고 돈을 맹신하게 되면, 일본처
럼 버블 경제가 올 수 있어요.

시마오

아, '버블 붕괴'라고 매체에서 본 적이 있어요.

사토

버블 경제라는 것은 1980년대 후반부터 1990년대에 걸친 일
본의 호경기를 말해요. 그 무렵 일본은 엔고이기도 해서 해
외에서 여러 가지 상품이 들어오게 되었는데, 가장 이해하
기 쉬운 게 음식이에요.

시마오

음식이요?

사토

지금처럼 모든 음식을 싸게 먹을 수 있게 된 것은 버블의 영향인 거죠. 지금은 이탈리아 패밀리 레스토랑에 가면 파스타든 피자든 여러 종류가 있지만 예전에는 스파게티라고 하면 나폴리탄이나 미트소스 정도밖에 선택지가 없었어요. 아무리 돈이 있어도 정통 이탈리아 요리나 프랑스 음식을 먹으려면 고급 레스토랑에 가지 않는 한 불가능했죠.

시마오

확실히 지금은 이탈리아 요리나 프랑스 요리도 슈퍼에서 싸게 살 수 있잖아요.

사토

호경기로 일본은 해외에서 모든 문화를 도입할 수 있게 되었죠. 이것은 의식주 모든 분야에서 그랬어요. 그런 의미에서 현재 우리는 과거 부자들보다도 풍요하다고 말할 수 있을지도 모르겠어요.

시마오

버블로 인해 풍요로움을 쉽게 얻을 수 있는 변화가 시작되었다는 것이군요.

사토

하지만 그 후에 버블 경제는 붕괴되었고, 그 뒤로도 일본은 경기 침체와 물가 상승률 둔화가 현재까지도 계속해서 이어지고 있어요.

프롤레타리아의 행복

시마오

자신이 자본가 계급이 아니라 노동자 계급이라고 단념하고
열심히 일하는 수밖에 없나요?

사토

사실 단념이 아니고 인정인 거죠. 좀 전에 프롤레타리아(노
동자 계급)라는 단어를 들으셨죠? 이 '프롤레타리아'라는 어
원은 고대 로마 시대에 재산을 구분하는 기준으로 '아이밖
에 없는 사람', 즉 아이 이외에 부를 창출할 수단이 없는 사
람이라는 뜻이에요.

시마오

아, 그렇군요.

사토

마르크스는 그 단어를 인용해 토지, 예금, 주식 등의 자산이
없고 자신이 일해서 얻은 임금만으로 생활하는 사람들을 프
롤레타리아로 규정했어요. 현재에 빗대면 공장 근로자뿐만
아니라 사무직, 영업직 등 화이트 칼라 또한 프롤레타리아

이며, 아무리 고수입 컨설턴트라고 하더라도 고용되어 있으면 프롤레타리아인 거죠.

시마오

고용된 몸이란 누군가에게 메인 노동자란 말이군요.

사토

아니요. 오히려 마르크스는 프롤레타리아는 '2가지 자유'를 가지고 있다고 했어요.

시마오

자유요? 어떤 것을 말하는 거죠?

사토

하나는 노동자가 자신의 노동력을 팔 수 있는 자유이고 또 다른 하나는 노동력 이외의 다른 생산 수단으로부터의 자유인 거죠.

시마오

노동력을 팔 수 있는 자유와 노동력 이외의 다른 생산 수단으로부터의 자유라고요? 죄송하지만 좀 더 자세히 말씀해 주시겠어요?

사토

네. 먼저 마르크스는 이 프롤레타리아의 2가지 자유를 긍정적인 면과 부정적인 면에서 보죠.
긍정적인 면은 '자신의 노동력을 자유롭게 팔 자유'예요. 부정적인 면으로 '노동력 이외의 다른 생산 수단으로부터의 자유'라는 말은 노동력 이외에는 다른 생산 수단을 가지고 있지 않다는 의미이죠.

시마오

좋은 면과 나쁜 면이 있단 말인가요?

사토

프롤레타리아의 긍정적인 면은 노동자가 토지나 직업에 얽매여 있지 않은 부분, 즉 노동자는 어디에서 일하든, 무슨 직업을 갖든 자유라는 거죠. 그러나 자본가는 자신의 토지, 회사 등 자본 때문에 편하게 이동할 수 없다는 거예요. 시마오 씨 회사 사장이 시마오 씨처럼 쉽게 이직을 생각할 수 있을까요?

시마오

뭐, 그런 건 생각할 수 없죠. 자기 회사니까요.

사토

맞아요! 반면에 프롤레타리아에게도 부정적인 면이 존재해요. 두 번째 자유인 '노동력 이외에 다른 생산 수단으로부터의 자유'라는 부분이요. 프롤레타리아는 토지, 도구, 기회 등의 생산 수단을 가지고 있지 않아요. 자신의 노동력 이외에 돈을 벌 수단이 없어요. 자기가 일하지 않으면 아무것도 만들어 낼 수 없다는 거예요. 이것을 마르크스는 생산 수단으로부터의 자유라고 표현한 거죠.

시마오

정확해요. 저는 딱히 뭐 다른 기술도 없고 회사에서 일하는 것밖에 돈을 버는 방법이 없어요.

사토

시마오 씨처럼 노동력 이외에 생산 수단이 없는 프롤레타리아는 자본가가 고용해 주지 않으면 어쩔 도리가 없다는 부정적인 측면도 가지고 있죠. 이런 자유의 부정적인 측면 때문에 자본가는 노동자들을 착취하게 되는 거예요.

시마오

자본가의 착취요?

사토

이것이 이상하다고 생각한 마르크스는 프롤레타리아가 부르주아를 쓰러뜨려 공산주의 사회로 발전하는 미래를 그렸어요. 하지만 혁명은 실패로 끝났고 현재 살아남은 것은 오히려 자본주의죠.

시마오

노동자와 자본가의 관계는 지금도 계속되고 있다는 거군요.

사토

네. 단지, 자신은 노동 이외의 돈벌이가 특별히 필요하지 않은, 계급의 향상을 요구하지 않는 프롤레타리아로 충분하다고 생각한다면, 현재 일본은 나름대로 잘 살 수 있는 토양이 만들어져 있어요.

시마오

나름대로 잘 살 수 있다고요?

사토

시마오 씨는 조금 전 '착취'라는 말을 들었을 때 기분 상해했지만 이 이야기를 들을 때까지 일하면서 착취당한다고 느낀 적이 있나요?

시마오

어? 듣고 보니 특별히 그렇게 생각했던 적은 없는 것 같아요. '돈 받고 일하는 게 쉽지 않지' 정도이지, '착취'를 당하고 있다는 불만 없이 살았던 것 같네요.

사토

그것은 시마오 씨가 '자신의 노동력을 자유롭게 팔 자유'를 손에 쥐고 있다는 증거죠. 그건 긍정적인 일이에요. 자신이 착취당하고 있다는 불만을 느꼈다면, 자본가가 되는 선택을 해도 되겠죠. 프롤레타리아의 긍정적인 자유를 선택할지, 부정적인 자유에 분노해 그곳에서 벗어날지는 각 개인이 선택할 몫인 거죠.

시마오

그렇구나! 그렇게 생각하면 저는 전자가 편할 것 같아요! 자본가가 되기 위해 제 시간을 줄여 열심히 일해야 한다고 생각하면 피곤해지네요.

사람을 편안하게 하는 것은
행복보다 안락함이다

시마오

프롤레타리아에게는 프롤레타리아의 풍요함이 있다고 생각
하면 조금 마음이 편안해지네요. 생각에 따라 의외로 풍요
가 저희 가까이에 있을지도 모르겠어요. 사토 교수님은 "인
생은 언제나 행복하다"라고 말씀하셨지만, 과거에 체포나
구속되셨을 때도 그 생각이 변하지 않았나요?

사토

행복하다고는 생각하지 않았지만 저는 체포나 구속되었을
때도 모종의 만족감을 느끼기도 했어요. 예를 들면 시간이
넉넉하니 읽고 싶었던 책을 읽을 수 있어서 좋았어요.

시마오

정신력이 강하시네요!

사토

제가 특별히 강한 사람인 것이 아니라 인간은 환경에 아주

잘 적응하는 생물이라서 그래요. 제가 그런 경우에 생각하는 기준은 '주변과 비교했을 때 자신이 어디에 있는지가 아니라, 자신에게 놓인 환경에서 얼마나 안락하며 편하게 지낼 수 있을까'를 아는 경우와 그렇지 않은 경우입니다.

시마오

안락함? 여기서 안락함이란 뭔가요?

사토

일본의 우익 사상가 오카와 슈메이(大川周明)가 쓴 『안락의 문』이라는 책이 있어요. 그는 이 책에서 '행복이라는 단어가 갖는 의미가 막연해서 이해하기 쉽지 않다. 그래서 행복보다 안락으로 말하는 편이 더 낫다'라고 말하고 있어요.

It's a Comedy!

오카와 슈메이
大川周明
1886-1957년

일본 파시즘 운동의 이론적 지도자. 이누카이 츠요시 전 총리 암살 사건(1932년, 5·15 사건)의 배후로 우익을 선동하여 징역 15년의 실형을 선고받았다. 도쿄 재판에서 A급 전범으로 소추됐을 때 법정에서 도조 히데키 전 총리의 머리를 손바닥으로 때리는 이상한 행동 등으로 정신장애 진단을 받아 기소를 면했다.

사토

책 『안락의 문』에 쓰인 장(章) 제목이 재미있는데, 제1장은 '인간은 감옥 안에서도 안락하게 살 수 있다'예요.

시마오

뭔가 독특하네요!

사토

그리고 제2장은 '인간은 정신병원에서도 안락하게 살 수 있다'죠.

시마오

……. (쉽게 이해할 수 없는 굉장한 세계라는 생각이 든다.)

사토

사람은 안심할 수 있고 편안한 상태에서 행복을 더 쉽게 느낄 수 있다는 거예요. 저도 옥중에서 안락하게 지냈어요. 저에게도 특별한 경험이었죠. 행복이란 것은 굉장히 추상적 개념이거든요. 추상적 개념은 모호해서 그 시대의 사회적 배경에 영향을 받기 쉬워요. 돈이 있는 생활이 행복이라고 하는 건, 긴 역사적 관점에서 보면 아주 최근 일이에요.

시마오

안락한 삶이라고 하면 확실히 좀 편할 것 같네요(웃음).

사토

풍요를 표현한다면 그것은 취향을 선택하는 문제와 같을 거예요. 개를 좋아하는 사람과 고양이를 좋아하는 사람 중에 어느 쪽이 더 낫다는 것은 없잖아요. 즉 자신의 인생에서 어느 쪽을 선택하는가의 문제라는 거죠.

시마오

물론 저는 고양이를 고를 거예요! 고양이를 선택한 특별한 이유가 있는 건 아니고요.

사토

그렇죠. 고양이를 선택하든 개를 선택하든 거기에 옳고 그름은 없지요. 살아가는 데 돈을 목표로 해도 좋고, 돈 이외의 다른 행복을 찾아도 괜찮아요. 단, 스스로 통제할 수 없는 걸 쫓으면 인생이 힘들어진다는 걸 잊지 마세요.

시마오

세계 정세나 경기 동향, 더군다나 회사 성과는 혼자서는 어쩔 도리가 없는 법이긴 하죠.

사토

돈도 마찬가지고 건강이나 사람과의 인연도 혼자서는 통제할 수 없고요.

고대 그리스에 에픽테토스(Epictetus)라는 철학자가 있는데 그는 노예 출신 지식인이었고 드문 경우였죠. 그만큼 고생도 했어요.

> **❝**
>
> 세상에 일어나는 일 중에는 우리 힘으로 되는 일이 있고, 그렇지 않은 일이 있다.
>
> 『인생담화』 에픽테토스, 쿠니카타 에이지 번역, 이와나미문고 ❹

❹
『에픽테토스의 인생을 바라보는 지혜』, 강현규(엮음), 메이트북스, 2019(한국어판)

라는 말을 남겼어요.

시마오

우리 힘으로 되는 일과 그렇지 않은 일이라…….

제가 고생 좀 했죠!

에픽테토스
Epictetus
55년경–136년경

고대 그리스 철학자. 그는 노예 출신이고, 어려서부터 다리가 불편했다. 그는 인간이 쾌락과 욕구를 극복하고 이성에 따라 살 것을 설파한 '스토아 학파' 중 한 사람이다. 그에 대해 알려진 바가 적으며, 남아 있는 것은 에픽테토스의 제자들이 그가 한 말을 모아 만든 『어록』, 『요록』이 있다.

사토

우리가 세상에 나올 때 돈이 엄청 많고 건강하게 태어나고 싶다고 우리가 어떻게 할 수 있는 게 아니잖아요. 반대로 마음먹기에 따라 생각은 우리가 제어할 수 있는 부분이니 돈의 유무와 같은 부분에 얽매이지 않는 마음을 갖는 게 필요하죠.

시마오

마음이나 사상만이 제게 남는 유일한 재산이라는 거네요.

사토

네. 또 에픽테토스는 자신보다 돈 많은 사람이 훌륭하게 보이는 건 많은 사람이 빠지는 착각이라고 지적했어요. 만약 부자가 시마오 씨에게 "나는 너보다 돈이 많으니까, 나는 너보다 나은 사람이야" 하고 말한다면 어떠시겠어요?

시마오

그저 화가 나네요(웃음).

사토

에픽테토스는 '내 재산이 네 재산보다 많다'라는 것만으로 '내가 너보다 행복하다'라는 것은 논리적이지 않다라고 말했이요. 즉 나도 너도 재산 그 자체가 아니라는 주장이죠. 재산이 행복의 요소는 되겠지만 재산 자체가 사람의 가치는 아니니까요.

시마오

좀 기분이 나아졌네요.

사토

이야기 앞부분에서 말했듯이 자본주의 사회에서는 대부분이 돈으로 환산될 수 있다고 했지요. 하지만 돈 자체에는 본질적인 가치가 없다는 의미입니다. 즉 돈에 가치가 있다고 생각하지 말아 달라는 의미예요. 하지만 살려면 최소한의 돈은 필요하니까, 그 부분은 전략적으로 해결하자는 게 제 조언입니다. 그러면서 자신만의 삶의 방식을 찾아 나가는 것이 중요하겠죠.

돈으로 계산하는 행복으로는 풍족해질 수 없다

'풍요'와 '돈'은 같은 걸까요? 그렇지 않습니다. 자본주의 사회에서는 모든 재화와 서비스를 돈으로 살 수 있어요. 단, 풍요를 느끼는 감정은 돈으로 살 수 없죠. 맛있고 비싼 초밥을 처음 먹을 때는 행복감을 느끼지만 매일 먹으면 질려 버리는 것과 같아요.

그럼 왜 돈을 갈구하게 되는 걸까요? 그건 돈에는 실체가 없어서 아무리 손에 쥐어도 만족감을 얻을 수 없기 때문이죠. 맞아요. 만족하지 못하기 때문에, 사람은 더욱더 그 실체가 없는 부, 즉 돈을 원하는 거죠. 우리가 '배금주의'에 빠지지 않기 위해서라도 돈 자체를 맹신해서는 안 돼요.

그럼 돈으로부터 자유와 '풍요로움'을 얻기 위해서 우리는 어떻게 하면 좋을까요? 그러기 위해 필요한 생각은 '자각'과 '단념'입니다. 우리 대부분은 '노동자(프롤레타리아)'입니다. 시급으로 만 원을 받든, 몇억 대 연봉을 받은 자본가가 되지 않는 한 똑같아요. 지금 가지고 있는 자유를 다시 생각해 보고, 다른 사람과 비교해서 느끼는 행복보다, 자기 내면에서 안전하면서 편안하게 지낼 수 있는 방법을 생각하면 좋을 듯하네요.

2장. 인간관계에 대한 철학

바람직한 직장 환경이란 무엇일까 ?

풍요란 무엇인가? 얼핏 보면 애매하게 느껴지는 이 의문도

자본주의 구조나 돈의 본질을 깨달은 후,

나는 돈을 벌지 못하면 가치가 없다는 생각이

얼마나 피상적이고 고지식한 가치관이었는지를 알았다.

사토 씨로부터 돈과 풍요에 대한 이야기를 듣고, '행복은 돈으로 살 수 없다'라는

이상적인 말을 처음으로 이해했다. 풍요를 느끼는 기준은 사람마다 다르다.

나는 이직할 수 없게 되든, 돈을 벌 수 없게 되든, 풍요로운 인생을 살아갈 수 있을 것이다.

하지만 모든 고민이 다 해결된 것은 아니다.

사람과의 의사소통이 서툰 나에게 늘 따라다니는 고민은 인간관계이다.

'사토 씨는 인간관계로 고민한 적이 있을까?'

그런 생각을 하면서 나는 사토 씨의 집으로 향했다.

이해 안 되는 사람이
조직 내에 존재하는 게 정상

시마오

사토 씨, 오늘은 또 다른 고민이 있어서 왔습니다. 요즘 상사와 잘 맞지 않아서요.

사토

인간관계가 문제인가요? 직장에서는 많든 적든 사람들 사이에 충돌이나 알력이 생기는 법이죠. 오히려 직장에서 그런 일이 안 생기는 게 힘들 겁니다.

시마오

그건 알고 있어요. 회사에는 여러 사람이 모이니까요. 하지만 직속 상사한테 제대로 평가받지 못하는 느낌이 들어서요. 지난번에 제 후배가 진급 시험에 합격했어요. 저보다 세 살이나 아래지만 커뮤니케이션 능력이 뛰어나서 상사도, 동료들도 그 후배를 좋아해요.

사토

시마오 씨는 승진에서 미끄러졌군요.

시마오

네. 저는 커뮤니케이션 능력으로 보면 사람들과 사귀는 게 능숙하지 않은 편이죠. 그래서 저에 대한 부정적인 평가도 전부 그게 원인이 아닐까 생각해요.

사토

그렇군요.

시마오

상사 중에는 고압적인 태도로 일을 떠넘기는 사람도 있는데 그런 사람조차도 그 후배에게는 상냥하게 대해요. 제가 못난 사람이라 그런지 그런 일에 상처받아요.

사토

우선 시마오 씨에게 확인하고 싶은 게 있어요. 원래 시마오 씨는 상사나 동료 모두와 좋은 관계를 맺기를 원하시나요?

시마오

그렇죠. 관계가 좋은 게 좋은 거 아닐까요?

사토

처음부터 이렇게 말해서 좀 그렇지만, 사람과 사람이 모이는 장소에서 모두 사이좋게 지낸다는 것은 겉모습에 불과해요. 불가능하다고 해도 지나친 말이 아니죠. 세상에는 겉으로 보이는 모습과 속으로 갖고 있는 마음의 세계가 있어서, '어떤 노력을 해도 근본적으로 서로 이해할 수 없는 사람이 존재한다'라는 걸 분명히 이해하고, 사람을 상대해야 해요.

시마오

서로 이해할 수 없는 사람이 존재한다고 생각하자는 거죠.

사토

네. 그렇게 생각하면 사람한테 미움받는 걸 두려워할 필요가 없게 되죠.

시마오

그래도 여전히 신경이 쓰여요. 저한테 함부로 대하는 사람이 있으면 '제가 잘못한 게 있나'하고 생각하게 돼요.

사토

시마오 씨는 파레토 법칙을 알고 있나요?

시마오

파레토 법칙이요?

사토

회사 매출의 80%는 우수한 사원 20%에 의해 창출된다는 이야기를 들은 적 없나요?

시마오

아, 그거 일개미의 법칙 아닌가요? 개미 집단에서 정말 일하는 개미는 극히 일부라고 하는 법칙이요?

사토

파레토 법칙은 일부 구성원에 집단의 급여나 평가가 집중된다는 경험치에 근거한 이론이죠.
시마오 씨가 말하는 일개미 법칙도 이 파레토 법칙의 일종이라고 말할 수 있겠죠. 개미 무리 중 '매우 열심히 일하는 개미, 일하는 개미, 게으른 개미'의 비율이 2:6:2라고 해요.

파레토 법칙

이탈리아 경제학자 빌프레도 파레토(Vilfredo Pareto)가 주장했다. 파레토 법칙은 집단의 보상이나 평가가 일부 구성원에게 집중된다는 법칙이다. 파레토는 유럽 경제의 통계 분석을 하던 중, 소득 배분이 한쪽으로 편중되어 있음을 발견하고 그 법칙을 논문으로 정리했다. 2:8, 2:6:2라고 하는 수치는 어디까지나 경험치를 분석한 결과이다.

시마오

네, 확실히 그런 것 같네요.

사토

파레토 법칙이 엄밀하게 증명된 이론은 아니지만, 비즈니스 등 다양한 상황에 맞아떨어지고 있어요. 그리고 사실 이 2:6:2 법칙은 비즈니스뿐만 아니라 인간관계에서도 적용될 수 있어요.

시마오

네?

사토

파레토 법칙을 인간관계에 적용시켜 보면, 사람 중 20%는 나를 좋아하고, 60%는 평범한 관계이고, 20%는 싫어한다고 생각하면 되는 거죠. 많은 사람들은 '자신을 싫어하는 20%'를 보고 쉽게 위축되지만, 그 외의 '자신을 좋아하는 20%', 또는 '자신을 좋아하지도 싫어하지도 않는 60%'로 눈을 돌리면 관점이 달라지겠죠?

시마오

자신을 좋아하는 20%와, 자신을 좋아하지도 싫어하지도 않는 60%로 초점을 맞추라는 거죠?

사토

네 맞아요. 사람은 자신이 신경 쓰는 부분에만 눈을 돌리죠. 시마오 씨는 본인을 싫어하는 20%의 사람만 보고 있는 것 같아요. 그건 전체를 보고 있지 않다는 증거예요.

Q 당신은 시마오 씨를 좋아합니까?

좋다 & 보통
8명

싫다 2명

이쪽을 봅시다.

시마오

전체를 보고 있지 않는 것이라고요?

사토

네. 큰 그림에서 보면 시마오 씨와 잘 맞지 않다고 느끼는 사람은 회사 전체에서 단 20%입니다. 그런 사람 때문에 마음을 졸이기보다는 일을 원활하게 할 생각을 하면 돼요. 거만한 태도를 보이는 사람, 고압적인 말투를 사용하는 사람을 만나도 '이 사람은 나와 맞지 않는 20%의 사람이다'라고 생각하면서 신경 쓰지 않는 것이 중요합니다.

어떤 사람이든 누군가에게는 미움받는 게 세상사 이치입니다. '미움받고 싶지 않다', '미움받는 것이 무섭다'라고 생각하는 마음이 강하면 무의식적으로 사람에게 휘둘려서 자기 자신으로 존재하지 못하게 되는 거죠.

결국 자기 인생의 주체성을 잃게 되는 거예요.

시마오

단 20%의 사람 때문에 인생의 주체성을 잃게 된다는 건 별로 합리적이지 못한 태도같아요.

사토

회사는 다양한 인격체가 모이는 장소이므로 내가 다른 사람에게 미움을 받는다는 건 정상이라는 증거입니다. 그러니 인간관계에 대한 걱정에 쓸데없는 에너지를 쓰지 않는 게 중요합니다.

시마오

그런 거군요. 좀 마음이 편해졌어요.

전체는 대부분 일부 요소로
이루어져 있지.

빌프레도 파레토
Vilfredo Pareto
1848-1923년

이탈리아의 경제학자이며 사회학자이다. 철도 회사에서 기사로 근무한 뒤 퇴직해 연구 활동을 시작했다. 경제학자로서는 본문에서 언급한 '파레토 법칙'뿐만 아니라, 자원이 최대한 효율적으로 배분된 상태를 일컫는 '파레토의 최적'이라는 이론으로도 알려져 있다. 후생경제학 발전에 큰 공헌을 했다.

나와 남이 보는 세계가 다르다

사토

생각해 보면 타인과 자신이 서로를 이해할 수 있다는 것 자체가 이상한 일 아닐까요?

시마오

왜요?

사토

예를 들면 나와 시마오 씨가 여기 있는 '시마'라고 하는 고양이를 보고 있다고 가정할 때 서로한테 '시마'가 똑같이 보일지는 잘 모르겠어요. 나에게는 고양이로 보이지만 시마오 씨에게는 공으로 보일 수도 있으니까요.

시마오

어? 아니, 고양이로 보이는데요. 만약 보고 있는 대상이나 현상이 다르다면 이야기 도중에 이상하다고 느끼겠죠.

사토

그렇죠. 근데 그 사람이 고양이가 아닌 공으로 보인다고 말하면 반박할 수 없습니다. 그 사람은 그렇게 보이니까요.

시마오

좀 이상하지만 그렇겠네요.

사토

중요한 점은 자신과 다른 사람이 보고 있는 세계가 다를 수 있다는 가능성, 그리고 그것을 궁극적으로는 확인할 수 없다는 인식을 갖는 것이죠. 세상에는 객관적인 세계란 존재하지 않고, 확실한 것은 자신이 지금 보거나 느끼고 있는 의식뿐입니다.

시마오

객관적 세계는 없다고요?

사토

네. 모든 현상과 사물을 있는 그대로 받아들여야 한다고 주장한 사람은 철학자 에드문트 후설(Edmund Husserl)이고, 이런 사상을 '현상학'이라고도 부릅니다.

시마오

후설?

사토

독일 철학자죠. 에드문트 후설은 편견과 선입견을 모두 배제하고, 사물과 사실을 있는 그대로 받아들여야 한다고 주장했습니다.

시마오

있는 그대로요?

사토

네, 맞아요. 인간은 누구도 다른 사람의 머릿속을 들여다볼
수 없습니다. 즉, 시마오 씨가 자신을 싫어하는 사람을 두고
나를 왜 싫어하는지 어떻게 해야 할지를 생각해도 소용없다
는 거죠. 그 사람은 당신이 싫으니까요.

시마오

그런데 그렇게 있는 그대로 받아들일 수 있을까요?

사토

그렇게 있는 그대로 받아들여야 합니다. 그렇게 해야 시마
오 씨에게 차갑게 대하는 사람이 있어도, '왜 이 사람은 나에
게 차가울까?', '어떻게 하면 나에게 친절하게 대할까?'라고
생각하며 관계의 원인을 찾거나 개선하기 위해 노심초사하
지 않을 수 있습니다.

시마오

관계를 개선하려고 생각하기보다 그대로 받아들이라는 것
이군요.

사토

물론, 인간관계에 있어서 감정적인 오해를 풀면 우호적인
관계를 만들 수도 있습니다. 그러나 직장은 '구성원의 이익
이라는 공통된 목적으로 연결된 특수한 집단'이기에, 아무리

모든 사실과 현상을 있는 그대로

에드문트 후설
Edmund
Husserl
1859-1938년

오스트리아 제국 태생의 독일 철학자이다. 모든 선입견을 배제하고 눈 앞에 있는 사실·현상 자체를 있는 그대로 파악하는 '현상학'을 제창했다. 현상학은 20세기 철학의 큰 조류가 되어 독일의 하이데거의 『존재와 시간』, 프랑스의 메를로 퐁티의 『지각의 현상학』 등으로 계승되었다.

노력해도 이해할 수 없는 사람이 있는 게 정상입니다. 가까이 다가가서 필요 이상으로 상처받지 말아야 합니다.

사람들은 누구나 서로를 이해할 수 있으므로 다른 사람을 받아들이지 못하는 것은 본인에게 책임이 있다고 공공연하게 말하는 이론이나 커뮤니케이션 방법에 지나치게 얽매이지 마십시오.

시마오

사람의 마음을 이해하라고 배웠지만, 사실 그건 근본부터 무리라는 거네요.

사토

물론 인간은 비슷한 신체를 가지고 있고 같은 언어를 구사하기 때문에 서로를 이해하려고 노력할 수 있긴 합니다. 다만 우리는 무의식중에 타인도 자신과 같은 곳을 보고 있다고 생각하면서 생활하고 있습니다.

시마오

사실은 전혀 다른데 말이죠.

사토

네, 그렇습니다. 물론, 이건 철학 이야기니까 실제로 만나는 사람마다 '저와 같은 세계가 보입니까?'라고 확인하라는 의미는 아닙니다. 그렇지만 보이는 세상을 가치관의 관점으로 본다면, 근본적으로 다른 가치관을 가진 사람끼리는 서로 받아들일 수 없다고 생각합니다.

시마오

서로 이야기를 해 보는 것이 소용없다는 뜻인가요?

사토

대화하는 건 중요하고, 그게 소모적이라고 할 수는 없죠. 예를 들어 제가 저널리스트 다치바나 다카시 씨와 책을 같이 출판할 때 이야기를 깊이 나눴는데, 저와는 근본적인 생각이 다르다고 느꼈습니다. 그래서 다치바나 씨와 출간 작업을 함께하는 건 그때가 처음이자 마지막일 것 같다고 생각했습니다. 하지만 저는 다치바나 씨를 매우 존경하고 있고 지금도 같이 일을 하고 있습니다. 가치관이 달라도 존경할 수 있는 사람은 있지만 무리하게 거리를 좁히려고 노력할 필요는 없다는 거죠.

직장 동료는 친구가 아니다

시마오

타인을 완전하게 이해할 수 없고 다른 사람에게 미움을 받을 수 있다고 생각해야 한다지만 그래도 인간관계가 좋은 쪽이 일의 성과는 높겠죠?

사토

시마오 씨가 생각하는 '인간관계가 좋은 회사'란 어떤 곳인가요?

시마오

네? 구성원 모두가 좋은 사람이고, 친절하고, 서로 사이가 좋은 곳이지 않을까요?

사토

그럼 회사 사람들은 친구입니까?

시마오

아니, 뭐 그렇지 않은 사람들이 많기는 한데 동기들과는 가끔 술도 마시러 가니 친구 같은 관계라고 생각합니다.

사토

냉소적으로 들리겠지만 사회에 만난 동료, 지인은 학창 시절 친구들과는 전혀 종류가 다른 친밀감입니다. 말하자면 이해관계로 연결된 사람들이거든요. 회사는 이익을 공통 목표로 삼고 비즈니스를 하는 사람들의 모임일 뿐이죠.

시마오

많지는 않지만 저는 회사에서 마음이 맞는 동기들도 있어요. 그렇게 표현하는 건 너무 지나치지 않은가 싶은데요.

사토

시마오 씨. 비즈니스에서 만난 사람과의 관계는 서로 함께 일하다가 서로에게 이익이 되지 않으면 저절로 관계가 사라지는 법입니다. 나는 마흔두 살 먹던 해에, 북방영토(=쿠릴열도 분쟁[6])를 둘러싼 스즈키 무네오(鈴木宗男) 사건에 연루되어 배임과 위계에 의한 업무 방해 혐의로 체포되었습니다. 외교관으로서 신념을 갖고 했던 일이지만, 당시 고이즈미(小泉純一郎) 총리의 개혁 노선과 달라 국책 수사로 이어진 것으로 알고 있어요.

[6]
쿠릴열도 20여 개 도서 중 4개 섬을 둘러싼 일본-러시아 간의 영유권 분쟁을 말한다. 4개 섬은 1905년 일본이 러일전쟁에서 승리하면서 영유권을 확보했으나, 제2차 세계대전 후 소련이 지배하면서 영토 갈등이 시작됐다.

스즈키 무네오 사건

2002년 당시 일본의 중의원이었던 스즈키 무네오가 비리 혐의로 체포된 사건이다. 사토는 이 사건에 연루되어 배임과 위계에 의한 업무 방해 혐의로 체포, 기소된다. 512일간 구류 후 보석, 2005년에 집행유예로 유죄 판결이 확정되어 실직하게 된다.

시마오

네, 알고 있습니다.

사토

그 당시 저는 그때까지 맺었던 인연이 끊어지는 것을 몸소 체험했죠. 512일간의 구치소 생활은 저에게 인간의 본질을 알게 해 주었습니다.

시마오

맺었던 인연들이 그렇게 쉽게 끊어졌나요?

사토

그렇습니다. 외무성은 바로 그런 사람들의 모이는 집단이죠. 제가 잘나갈 때는 많은 사람이 저를 이용하려고 다가왔는데, 그 반대로 제가 힘들 때는 밀어내더라고요. 외교관 시절에 친하게 지냈던 신문 기자들이 200명도 넘었지만 관계가 계속해서 이어진 기자는 단 3명이었습니다. 100명이 넘는 기자들에게 연락을 해 보았지만 당시의 비난 여론에 상반되는 내용의 기사를 내보낸 사람은 1명뿐이었죠.

사람과의 관계는
깨지기 쉽고 약하다

시마오

사토 씨, 상당히 충격받으셨겠어요?

사토

다만 저는 그런 사람들을 탓할 마음은 전혀 없습니다. 그 사람들도 자신의 일을 한 것일 뿐일 테니까요.

시마오

그건 너무 좋게 봐 주신 거 아닐까요?

사토

대사관에서 일할 때, 저는 소련 붕괴 당시의 다양한 정치 사건을 보았습니다. 한 나라가 무너져 가는 과정에서는 정치인이나 관료 등이 정세에 따라 각자가 예측한 방향으로 움직이게 되죠. 결국 이해관계에 따라 사람 마음이 멀어지는 법이라는 것을 경험으로 알고 있어요.

시마오

사람은 쉽게 배신한다는 뜻인가요?

사토

단, 배신했다고 해서 그 사람이 반드시 나쁘다고는 할 수 없어요. 예로부터 사람의 의지는 강하지 않았거든요. 그것에 대한 건 성경에도 쓰여 있어요. 시마오 씨는 '최후의 만찬'에 대해서 알고 있나요?

시마오

레오나르도 다빈치(Leonardo da Vinci)의 그림으로 본 적 있어요.

사토

예수가 십자가에 못 박히기 전 제자들과 했던 마지막 식사 장면이죠. 식사 후, 수제자인 베드로가 예수에게 '당신을 위해서라면 목숨도 버리겠습니다'라고 말하자, 예수는 '닭이 울기 전에 당신은 나를 세 번 모른다고 말할 것이다'라고 대답하죠.

시마오

오늘 밤 안에 배신할 거라고 예언하는군요.

사토

그날 밤, 널리 알려진 것처럼 유다의 배신으로 예수가 붙잡히게 되자 베드로는 다른 제자들과 함께 도망쳐 버립니다. 그리고 주위 사람들이 베드로에게 예수와 함께 있었는지를 묻자 예언대로 세 번 부정해 버리고는 하염없이 울었다고 성경에는 기록되어 있어요.

시마오

제자들의 신앙심이 약하다는 것을 탓하는 건가요?

사토

아니요, 그렇지 않아요. 사실 그전에 예수는 베드로에게 너는 한 번 내 곁을 떠나지만, 다시 내 곁으로 돌아올 것이라고 말해요.

시마오

예수는 처음부터 알고 있었다는 거네요.

사토

결국 그 후 예수가 사람들을 위해 죄를 짊어지고 십자가에 못 박혀 죽게 된 뒤 예수가 부활하는 것을 본 베드로는 신앙심을 새롭게 다집니다. 신앙심은 혼자만의 힘으로 얻을 수 있는 것이 아닙니다. 뒤집어 말하면 사람의 의지란 그 정도로 약하다는 것이죠. 그러니 배신한 상대를 원망해도 소용없습니다.

시마오

사토 씨는 정말 정신력이 강하네요.

사토

그렇지 않아요. 조사 과정에서 신문이 심해지면서 마음이 무너질 뻔한 적도 있었어요.

시마오

어떻게 극복하셨어요?

사토

신문 강도가 높아지면서 이쯤에서 그들이 원하는 대로 인정해 버릴까 하는 생각이 들 때마다 예전에 키우다 죽은 고양이가 자꾸 꿈속에 나타났어요.
모스크바에서 데리고 왔는데 이름은 '치비'였어요. 꿈속에서 치비가 나약해진 나를 반짝반짝한 눈으로 바라보며, 타협하지 말라고 말하니까 힘내야겠다는 생각이 들었어요.

시마오

그런 일도 있으셨군요!

일을 할 땐
정이 아닌 신뢰를 쌓아야 한다

사토

저는 인간보다 고양이가 훨씬 믿을 만하거든요.

시마오

고양이라!

사토

직종 차이는 있겠지만 어떤 일이든 '정'보다는 '신뢰'를 쌓아야 한다고 말할 수 있을 것 같아요.

정년 후에 지금까지 맺었던 인간관계가 단번에 끊겨서 자기 자리를 찾지 못하는 사람이 많은 것은, 일을 기반으로 한 사람과의 관계를 우정으로 착각했기 때문이죠.

시마오

그렇군요. 좀 씁쓸하다는 생각이 드네요.

사토

제가 보기에는 업무상 이해관계가 없는 친구가 생기는 게 더 신기합니다. 그런 관계가 되었다면 사실은 정말 진지하게 일한 것이 아니지 않을까요?

시마오

찔리네요……. 그럼 사토 씨는 업무 관련 인간관계에서는 우정이나 신뢰가 성립되지 않는다고 보나요?

사토

업무상의 인간관계에서도 우정이 성립되지만, 이해관계도 포함되어 있지요. 그리고 친구가 아니더라도 업무상 신뢰 관계는 쌓을 수 있어요. 서로 이해관계가 없다고 해서 적대적인 관계가 되는 게 아니니까요. 오히려 서로의 이해관계를 바탕으로 의견을 조정하면서 경쟁 속에서 함께 살아남는 것이 중요하다고 생각합니다. 그런 의미에서 회사 내 인간관계는 적당히 거리를 두는 편이 좋아요.

시마오

어, 그렇습니까? 저는 관계에 거리를 둔다는 게 어쩐지 좀 차갑게 느껴져요.

사토

관계 속에서 거리를 둔다는 것은 사람의 성품이 냉정하고 차갑다는 의미와는 전혀 다릅니다. 우정 또는 애정이란 척도는 다른 기준으로 이해해야 한다는 의미의 '거리감'이 중요하다는 거죠. 상사가 시마오 씨를 본인의 호불호로 평가하는 건 싫으시죠?

시마오

물론이죠.

사토

그렇다고 해서 숫자나 가시적인 실적만으로 판단하는 것도 건전한 직장 환경이라고는 할 수 없어요. 이익은 신뢰할 수 있는 인간관계, 서로를 존중할 수 있는 환경이 없으면 지속할 수 없어요.

시마오

이익 창출의 근간에는 신뢰 관계가 있어야 한다는 뜻이군요.

사토

'좋은 회사'라는 것은 사원 한 사람 한 사람이 일에 대한 행복감을 느끼면서 목적을 공유할 수 있는 곳을 말해요. 가치관이 맞는 사람들이 모인 동아리 같은 인간관계도, 상호 이해를 무시하고 매출만 추구하는 인간관계도, 이상적인 회사를 만드는 데는 부정적으로 작용할 겁니다.

시마오

친구 관계여도 안 되고, 계산적인 인간관계여도 안 된다는 건가요?

사토

영어로 회사를 company라고 하죠. 이 단어는 원래 '동료'라는 뜻입니다. 이 단어는 라틴어 'com(함께)'과 'panis(빵)'에서 온 것으로, 정리하면 '함께 빵을 먹는 사이'라는 의미이죠.

시마오

그게 왜 회사가 되었나요?

사토

현재와 같이 일반적인 주식회사의 형태가 만들어진 건 신항로 개척 시대부터예요. 유럽에서 인도, 아시아로 가는 항해는 당시에는 아직 위험했고 실패하면 배나 사람, 많은 돈을 잃을 수도 있는 위험이 있었어요. 그 위험을 분산하기 위해 많은 사람으로부터 소액의 출자금을 모은 게 주식회사의 시작으로 보고 있어요. 그리고 이때 배의 선원을 '컴퍼니'라고 부르다가 점차 회사라는 의미도 갖게 된 거죠.

시마오

그렇군요. 우리는 회사의 선원이네요.

마찰 최소화에 주력하라

시마오

회사 내 인간관계에 대해서는 이해했는데요, 그럼 싫어하는 사람과 같은 프로젝트를 하게 된다면 구체적으로 어떻게 행동하면 좋을까요?

사토

인간관계에 대한 고민은 사람과의 관계에서 생기는 것입니다. 중학교 과학 수업에서 배웠을 텐데요, 마찰이라는 것은 상호 접촉을 통해 발생하는 것이지요. 사물과 사물이 맞닿으면 거기에 마찰이 발생해요. 자동차 브레이크는 마찰을 사용해서 바퀴를 멈추게 하지만 브레이크는 가열됩니다. 그리고 수건으로 피부를 문지르면 피부는 아프죠.

시마오

네.

사토

인간관계도 마찬가지라고 생각할 수 있어요. 사람과 사람이 관계를 맺게 되면, 거기에 마찰, 즉 문제가 생기고 어떻든 영향을 미치게 됩니다. 그 마찰이 좋은 영향 혹은 나쁜 영향을

줄 수 있어요. 나쁜 영향이라면 알력, 충돌, 부조화 등으로
나타나죠.

시마오

인간관계로 인해 생긴 마찰에는 좋은 마찰과 나쁜 마찰이
있다는 거네요.

사토

베스트셀러인 『미움받을 용기』로 재조명받는 심리학자 알프
레드 아들러(Alfred Adler)는 모든 고민은 결국 대인관계로 인
한 고민이라고 말합니다. 이 책의 저자 기시미 이치로(岸見一
郎) 작가가 말하기를, 이러한 대인관계로 인한 고민을 해결하
기 위해 아들러는 '과제의 분리'를 주장하고 있다고 말해요.

시마오

과제의 분리가 뭐죠?

사토

어떤 선택을 했을 때 최종적으로 그 책임을 지는 사람이 누
구인지를 판별하는 거죠. 그것이 남의 과제라면 나는 개입
하지 않아야 하고, 자신의 과제라면 다른 사람을 절대 개입
시켜서는 안 된다는 겁니다
예를 들면 결혼에 부모나 친척이 관여하기 쉽지만, 궁극적
으로는 당사자들 간의 문제인 거예요. 그렇다면 부모를 소
중하게 생각하는 것과 본인 결혼에 대한 부모의 참견을 받
아들이는 건 분리해서 생각해야 해요. 그게 마찰을 피하는
길이죠.

시마오

마찰을 피한다는 게 무시하라는 건가요?

사토

무시하라고 말하는 게 아니에요. 메일로 업무가 가능한 사람과는 대면할 일을 피하고, 필요한 최소한의 인사만 주고받고, 관계없는 일에는 관여하지 않는다는 거죠. 즉, 하는 일에만 집중하고 다른 일에는 무관심하라는 뜻입니다.

시마오

무관심할 수 있으면 좋겠지만…….

사토

무관심할 수 있어요. 회사란 일을 하는 장소입니다. 여러 번 말하지만 회사의 목적은 이익 추구. 거기에만 집중할 수 있다면 인간관계는 그다음입니다.

인간관계의 갈등은
무리를 통해서 해결하라

사토

마찰을 피하기 위한 구체적인 방안이 하나 더 있어요. 조직 내에 원활한 신뢰 관계 구축을 위해 필요한 게 '무리'를 만드는 거죠.

시마오

무리라는 게 부서와는 다른가요?

사토

네. 여기서 언급하는 무리, 그룹은 공식적인 조직 구성(회사 내에서는 부나 과 등)과는 별개의 범주로, 같은 목적을 갖거나 이해관계를 가진 사람들의 모임을 말해요. 이건 자연적으로 생기게 되죠.

시마오

자연적으로 발생한다고요?

이해관계로
정리하면

착착

착착

갈등은 부서를 넘어선 '무리=그룹'으로 해결합시다.

사토

조직을 예로 들면 하나의 큰 생명체, 즉 유기체이죠. 우리 몸 안에 심장이나 폐와 같은 장기가 있듯이, 조직 내 각 부서는 각자의 기능을 담당하고 있어요. 다만 각각의 장기나 부서는 제각각 움직이는 것이 아니라 상황에 따라 서로 보완하면서 '유기적'으로 일하고 있는 거죠.

시마오

죄송한데 비유가 너무 어려워서 잘 모르겠어요.

사토

조직 내부에서는 자주 대립이 일어나기도 하고. 부서 간 이해관계도 다르죠. 조직을 하나의 생명체로 봤을 때 그건 바

람직하지 않아요. 그때 전체가 잘 돌아가도록 작용하는 게
무리의 역할입니다.

시마오

무리가 조직 내 대립을 줄인다는 의미는 뭘까요?

사토

음…… 무리를 통해 조직 내 마찰을 최소화하는 것이죠.

시마오

더 큰 목적을 위해, 작은 대립을 해소하는 게 무리의 역할이
라는 것이군요.

사토

바로 그거죠. 하나의 목적, 이익을 극대화하기 위해 작은 의
견 충돌은 조정할 수 있는 거죠. 사람과 사람 사이에 공통된
목적이 있고 구성원 모두가 한 방향을 보는 상황이라면 갈
등이 표면화되지 않는 효과가 있거든요.

조직의 본질은 선(善)에 있다

사토

그런데 좀 전에 시마오 씨가 말한 '큰 목적'이라는 것은 조직의 본질을 짚고 있어요. 고대 그리스 철학자 아리스토텔레스(Aristoteles)에 따르면 우리 인간은 큰 목적을 위해 '무리'를 짓는 동물이라고 말해요.

시마오

오, 제가 적절한 표현을 했나요? 그런데 아리스토텔레스가 누구였죠?

폴리스인데 경찰은 아니야.

아리스토텔레스
Aristoteles
BC 384- BC 322

고대 그리스의 철학자. 소크라테스, 플라톤과 함께 서양 최고 철학자 중 한 명으로 꼽힌다. 아테나이 아카데미아에서 플라톤한테 배웠고 알렉산드로 대왕의 가정교사이기도 했다. 논리학, 시학, 형이상학, 윤리학, 정치학 및 자연학에 이르기까지 모든 분야에서 오늘에 이르는 학문 체계를 구축했다. 유명한 삼단논법(예: A라면 B, B라면 C가 성립할 때 A라면 C도 성립된다)도 아리스토텔레스에 의해 정의되었다.

사토

아리스토텔레스는 역사상 가장 뛰어난 철학자 중 한 명으로, 그의 저서 『정치학』에서 인간은 본성적으로 '폴리스적 동물'이라고 규정해요.

시마오

폴리스(polis)가 뭐예요?

사토

폴리스란 고대 그리스에서 고도의 자치 시스템을 갖추고 있던 아테네 같은 도시국가 등을 말해요. 아리스토텔레스는 이런 도시국가가 인간의 최고인 선(善)을 지향하는 공동체라고 생각했거든요.

시마오

최고의 선이라고요?

사토

네, 인간은 자신들이 선이라고 생각하는 것을 위해 사고하고 행동하는 동물이죠. 그래서 인간이 형성하는 모든 공동체는 그 공동체가 추구하는 선을 목표로 만들어져요. 이해 뇌시나요?

시마오

정확히는 모르겠지만 그럭저럭 알 것 같아요. 하지만 선이란 어떤 걸까요? 법에 어긋나지 않고 도덕적이란 뜻인가요?

사토

좋은 질문이네요. 아리스토텔레스는 『니코마코스 윤리학』에
서 선이 무엇인지에 대해 근본부터 고찰하고 있거든요.

시마오

어떤 식으로요?

사토

아리스토텔레스는 우선, 선이라고 해도 여러 종류가 있다는
것부터 시작하죠. 의술(醫術)에서의 선과 전쟁에서의 선은
다르다고 말해요.

시마오

확실히 의술은 남을 돕는 것이 선이고, 반대로 전쟁은 사람
을 쓰러뜨리는 게 선이겠지요.

사토

하지만 인간이 추구하는 모든 선에는 공통되는 부분이 있어
요. 아리스토텔레스는 모든 선은 '~을 위해'라는 목적을 갖
고 있고, 목적도 여러 가지 종류가 있다고 생각했죠. 하지만
선 중에서도 '최고선'으로 보려면, 그보다 '더 나은 선'이 존
재하지 않고, 오직 그 선만으로 목적이 완성된다고 생각했
어요. 그리고 '최고선이야말로 행복'이라는 결론에 도달한
거죠.

시마오

왠지 생각의 범주가 너무 커서 이미지화하기가 어렵네요.
행복이라는 게 전에 가르쳐 주신 풍요와 같은 느낌일까요?

사토

그건 깊이 생각할수록 어려운 문제죠. 아리스토텔레스는 '덕
(德=아레테, Arete)' 등의 개념을 사용해서 고찰하는데 여기서
언급하면 너무 길어지니까 이 정도까지 이야기할게요. 현재
로서는 대략 '인간다운 삶을 살 수 있는 것' 정도로 이해해
주세요.

시마오

네.

인간 행동의 원동력은 '선(善)'이라는 마음에서 온다.

사토

정리하자면, 모든 인간의 활동은 '더 잘 사는 것', 즉 행복이라는 최고선을 위한 것이라는 의미입니다. 최고선을 위해 사람은 무리를 만들고, 그 무리가 최종적으로 폴리스(국가)라는 형태가 된 겁니다. 그래서 폴리스가 가지고 있어야 하는 덕목을 생각하는 것이 인간의 행복으로 이어진다는 것이 아리스토텔레스의 생각인 거죠.

시마오

으음…….

사토

아리스토텔레스가 살았던 시대와 현재의 사회는 많이 다르기 때문에 여기서 말하는 폴리스를 반드시 지금의 국가 형태로 볼 필요는 없어요. 다만 왜 사람이 무리를 이루는가를 생각해 보면 인간이 선(善), 즉 행복에 다가가려고 하는 인간 본연의 행동이기 때문이라는 거죠.

시마오

무리가 자연 발생하는 것도 우리가 본능적으로 선(善)을 추구하고 싶어서 그런 거군요.

사토

맞아요. 그래서 인간관계로 고민하는 일은 많겠지만 조직이나 무리 안에서 일한다는 것이 반드시 고통스럽기만 한 것은 아니라는 거죠.

시마오

그렇군요. 사토 씨는 전부터 그런 합리적인 생각을 했나요?

사토

업무상 나는 굉장히 이성적인 편이지요. 인간관계보다도 제가 해야 할 일로 머리가 꽉 차 있었어요. 제가 직장 내 인간관계에서 그다지 고민하지 않았던 이유는 제 목적이 분명했기 때문일지 모르겠어요. 사람들 대부분은 동료, 상사, 출세 등 다른 것에 지나치게 신경을 쓰기 때문이죠.

회사는 일하는 곳입니다. 일의 목적, 목표, 좋아하는 게 명확히 보인다면 인간관계에 대한 고민도 절충되겠죠.

일은 '우정'이 아닌 '신뢰'를 쌓는다

남들이 나를 싫어하지 않을까 고민하는 분들이 많겠죠. 그러나 인간은 본래 타인을 완전히 이해할 수 없어요. 세상에는 당신을 좋아해 주는 사람도, 그렇지 않은 사람도 있습니다. 이건 당연한 거니까 고민하실 필요가 없어요. 나와 잘 맞지 않는 동료나 상사가 있어도, '우연히 함께 일하게 됐네' 정도로 받아들이고 일의 목적을 공유하는 신뢰 관계를 구축하면 좋죠.

그러나 아무리 마음을 다잡아도 맞지 않는 사람과 함께 무언가를 한다는 것은 고통이 따르는 법입니다. 이 경우는 그 사람과의 대면을 최소화하고 자신과 맞는 공동체를 형성해야 합니다. 공동체, 무리, 그룹 등은 불편한 사람과의 마찰을 줄이거나 이해관계로 생긴 부서 간 마찰을 최소화하는 역할을 하죠. 상사와의 상하관계로 고민한다면 다른 위치에 있는 관계를 이용해 보세요.

인간은 원래 더 잘 살기 위해 공동체를 만든다고 아리스토텔레스는 말했어요. 회사를 '이익=선(善)' 추구 조직으로 본다면, 조직 안에서 일하는 것은 그 조직을 구성하는 인간의 행복으로 연결됩니다. 인간관계로 고민이 있어도 인간관계에서 생길 수 있는 마찰을 줄이고, 공동체를 유용하게 이용하고, 본래의 목적에 집중함으로써 인간은 행복하게 일할 수 있어요.

3장. 일에 대한 철학

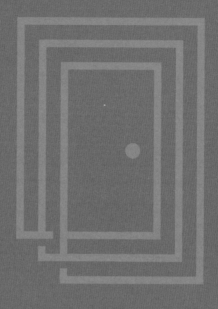

일이 주는 보람에 대하여

인간관계에 대한 고민도 풀렸으니 새로운 마음으로 일에 몰두하려 하지만

아무리 해도 의욕이 생기지 않아요. 보람을 느낄 수 없는 거죠.

애초에 이 회사에 들어왔던 건 왠지 회사 분위기가 좋을 것 같다는 느낌을 받았기

때문이었어요. 취업 시험에서 계속 떨어지기만 한 저를 유일하게 받아 준 곳이기도 하고요.

그런 제게 '하고 싶은 일'이란 것이 있을 리 만무하겠죠.

물론 입사 후 맡은 일은 열심히 하려 했지만,

낮은 연차 때는 큰 책임을 질 만한 일을 맡기도 어렵고요.

스스로 정말로 사회에 도움이 되는지 생각해 보면 의문이 들어요.

저는 점점 '더 보람된 일'이

어딘가에 있지 않을까 하고 어렴풋이 생각하게 됩니다.

일이란 이익과 대의명분의 연립 방정식

시마오

사토 씨, 이전의 조언은 감사했습니다. 인간관계에 집착하지 않으니 회사에 가는 게 갑자기 편해졌어요!

사토

그거 잘 됐네요.

시마오

그래서 인간관계로 고민은 하지 않게 됐지만 오늘은 다른 걱정거리가 생겼는데요. 일하는 의미에 대해 좀 더 생각하고 싶어서 왔어요.

사토

무슨 일 있었어요?

시마오

최근에 재해도 많고 언제 무슨 일이 일어날지 모르는 세상이잖아요. 내일 죽을지 모른다고 생각하면, 좀 더 제가 하고 싶은 걸 해야 하지 않을까 하는 생각이 들어요.

사토

하고 싶은 게 뭔가요?

시마오

아니, 지금 당장 특별히 하고 싶은 건 없는데요. 예를 들면, 좀 더 사회 공헌을 할 수 있는 일이라든지, 사람들이 필요로 하는 일에서 보람을 느낄 수 있지 않을까 해서요.

사토

그런 생각이 드는 건 이해가 가요. 그런데 기분 나쁘게 들릴 수 있겠지만 그런 발언을 한다는 자체가, 말하자면 여유 있는 사람이란 생각이 들어요.

시마오

여유요? 저한테 여유 같은 거 전혀 없어요. 월급도 적고요.

사토

시마오 씨는 현재 원격 근무가 많다고 하셨죠.

시마오

네. 혼자 있는 시간이 많아져서 그런지 사회에 뭔가 도움 되는 일을 해야 할 것 같은 생각이 자주 드네요.

사토

그건 감사할 일이네요. 다만, 원격 근무를 하고 싶어도 못하는 사람이 있어요. 거기서부터 차이가 난다는 것을 정확히 인식해야 해요.

시마오

배부른 고민인가요?

사토

시마오 씨가 현재 하는 고민은 한마디로 재해 유토피아적
발상이죠.

시마오

재해 유토피아? 그건 뭔가요?

사토

시마오 씨는 2011년 동일본 대지진 때 일을 하고 있었나요?

시마오

아니요. 그때는 아직 학생이었어요.

사토

지진이 일어난 뒤 쓰나미와 원전 사고로 피해가 커지자 가치관이 뿌리부터 흔들렸어요. 그래서 사람들은 지금의 시마오 씨처럼 '내가 하는 일에 의미가 있을까'라고 생각하기 시작했고, 직접적으로 남을 돕거나 사회 공헌을 하는 NPO(Non Profit Organization)로 이직을 고민하는 사람들도 많았지요.

시마오

알 것 같아요! 사회가 이렇게 힘든데 나도 뭔가 해야 할 것 같은 그 기분! 이런 생각이 잘못된 건 아니잖아요?

사토

물론 잘못이라고 말할 수 없죠. 하지만 한순간의 기분으로 그런 일을 택한다면 계속하기 어려울 거예요. 자원봉사자라면 일시적으로 도움을 주는 것도 상관없지만 사회 공헌을 일로 삼는다는 것은 지속성이 필요한 일이거든요. 지속한다는 것은 그로 인해 돈이 돌아가는 구조를 만든다는 의미예요.

시마오

하지만 NPO는 '비영리' 단체이니까 돈을 벌면 안 되는 거 아닌가요?

사토

NPO는 주식회사 등과 달리 이윤 추구를 목적으로 하고 있지 않아요. 다만 착각하지 말아야 할 것이 NPO가 이익을 내서는 안 된다는 것은 아니거든요. 구성원들에게 이익을 분배해서는 안 된다는 것뿐이에요.

시마오

어, 그렇군요.

사토

그러니까 NPO도 스폰서에게 자금을 모집하거나 사회 공헌과는 다른 영역에서 이익을 내서, 자신들의 활동을 확장시켜 나가는 거죠. 그런 의미에서 보면 역시 무엇을 하든 자본주의 사회에 공헌하려면 영리 추구가 필요하다는 말입니다.

시마오

그냥 사회에 도움이 되고 싶다는 마음만 가지고서는 안 된다는 의미로 '유토피아'라고 하는 거군요.

사토

대의명분만으로 먹고 살 수는 없어요. 일은 각자의 이익과 대의명분으로 만들어진 연립 방정식이에요. 그 부분을 면밀하게 고민할 필요가 있다고 생각해요.

꿈을 이루는 방법은 다양하다

시마오

그러면 정말 하고 싶은 걸 일로 한다는 건 너무 안일하게 생각한 건가요?

사토

아니요, 모순되게 들리겠지만 정말 하고 싶은 일이었다면 무조건 먹고 살 수 있는 방법이 있어요.

제가 대학교에 진학하려고 할 무렵에 기독교 신학을 공부하기로 마음먹고, 과연 신학을 공부해서 먹고살 수 있을지 불안해서 윤리 선생님께 여쭤본 적이 있어요.

'신학을 공부하고 싶은데, 신학을 공부해서는 먹고살 수 없겠죠?'라고.

시마오

선생님의 대답은 뭐였나요?

사토

선생님은 '내가 지금까지 살아오면서 정말 하고 싶은 일을 하는데 먹고살지 못하는 사람을 한 명도 본 적이 없다'라고 대답해 주셨어요. 그 선생님은 도쿄대 대학원에서 윤리학을 연구한 분이셨는데 본인은 가르치는 일이 정말 하고 싶어서 고등학교 선생님이 됐다고 하셨어요. 그래서 정말 행복하다 고 말씀하셨거든요.

시마오

멋진 선생님이시네요.

사토

중요한 것은 자기가 정말로 하고 싶은 일을 찾아내는 것이 에요. 꽤 많은 사람들이 어느 정도 해 보고 싶었던 것을 엄청 나게 하고 싶었던 것으로 착각해서 시작했다가 금방 포기해 버리는 것은 아닐까요?

예를 들어 축구를 좋아한다면 선수 이외에도 스포츠 의학에 종사하든지, 기자로 취재를 하든지, 관련 제품 광고 대행사 나 축구를 후원하는 기업에 다니든지 하는 여러 다양한 방 법이 있을 거예요.

시마오

정말로 하고 싶은 일이면 어떤 식으로든 계속하려고 하고, 여러 방법으로 접근할 수 있다는 의미이신 거죠.

사토

그렇죠. J리그 이사장이었던 무라이 미츠루(村井満) 씨는 저 의 고등학교 동창인데, 그는 고등학교 때부터 축구부였어 요. 하지만 우라와 고등학교 축구부에서는 프로 선수가 되기 어려웠어요. 그래서 그는 대학 졸업 후 리크루트(인재 서비스업)에서 근무했어요. 그곳에서 실적을 쌓아서 J리그 운영 간부로 일하게 되었던 거죠.

시마오

고등학교 때 꾸었던 꿈을 다른 방법으로 이뤘네요.

사토

맞아요. 중요한 건 자신이 하고 싶은 일과 잘하는 일을 잘 조율해서 균형을 잡는 것이죠. 물론, 하고 싶은 일을 더 많이 하다 보면 월급이 적을 수 있어요. 그러나 자신의 시간을 원하는 일에 소비할 수 있다면 그것으로 절충되겠죠. 시간은 유한해요. 어떻게 사용할지는 각자의 몫인 거죠.

시마오

정말 하고 싶은 일이 있으면 들어가는 입구가 하나만 있는 게 아니라는 의미군요. 그런데 하고 싶은 게 있어서 꿈을 향해 나아간다고 해도, 재난이나 전염병 등으로 세상 자체가 달라질 수도 있을 텐데. 그런 경우에는 결국 포기할 수밖에 없는 걸까요?

사토

다양한 방법으로 꿈을 꿀 수 있다면 하고 싶은 일은 저절로 찾아지죠. 항공사 승무원이 되고 싶다면 자신이 어떤 부분에서 끌리는지를 두고 고민해 보세요. 손님에게 서비스하는 것이 좋은지, 외국에 가고 싶은 건지, 영어로 말하고 싶은 건지 등 자신이 느낀 그 일의 매력을 세세하게 쪼개 볼 필요가 있어요.

시마오

다양한 방법으로 꿈에 접근하라는 거군요. 확실히 학생 때는 무턱대고 '이거 아니면 절대 안 된다'라고 쉽게 생각해 버리는 것 같아요. 그렇지만 어떤 방향이든 자신이 하고 싶은 일에 다가갈 수 있다는 거지요?

사토

자신의 의지만 확실하다면, 가고 싶었던 회사 채용이 없어져도 그 업계 분위기가 나빠도 당황할 필요는 없어요. 하지만 어느 회사에 들어가고 싶다거나 누가 있는 회사에 들어가고 싶다는 식으로 기업 브랜드나 다른 사람의 존재를 장래 목표로 삼으면 예상치 못한 사태가 발생했을 때 무엇을 의지해야 할지 알 수 없게 돼요.
사회란 늘 변하는 법이죠. 그리고 항상 무엇 하나 확실치 않은 것이 정상이라고 생각하는 게 중요해요.

시마오

확실한 게 없다고 하니 왠지 불안해요.

사토

단, 세상에 모든 것이 변한다고 생각하는 사람은 비교적 그런 불안정한 상태에 잘 적응할 수 있는 정신력을 가지고 있다고 생각해요.

시마오

왜요?

사토

세상에 확실한 건 없다는 말을 표현한 것이 바로 '제행무상
(諸行無常)'이잖아요.

시마오

부처가 한 말이군요.

사토

네. 세상은 항상 변화하고 있기에 현재의 행복과 불행에 연
연연하는 것은 의미가 없다는 말이죠. 모든 것은 연(緣)으로,
모든 게 서로의 관계 속에서 발생되거나 소멸한다는 것이
불교 근간에 있는 사고방식입니다.

저는 기독교 신자이지만 이러한 제행무상의 사고방식은, 오
직 하나의 신만을 인정하는 유럽적 사고방식보다 위기의 시
대를 살아가는 현대인이 실제 느끼는 감정에 가깝다고 말할
수 있을 것 같아요.

꿈을 판별하는
프래그머티즘 사고

사토

그건 그렇고 '내 꿈이 뭐지?'라고 생각만 하고 행동으로 옮기지 못하는 사람이 있죠.

시마오

저도 그런 사람 중 한 명이에요.

사토

그런 사람은 우선 움직이는 게 중요해요.

시마오

움직여 본다!

사토

맞아요. 움직일 때 노움이 되는 게 프래그머티즘(pragmatism)이란 사고예요.

시마오

프래그머티즘이 뭐예요?

사토

철학에서는 실용주의나 실제주의 등으로 번역되기도 해요. 쉽게 말해 나에게 도움이 될지 말지로 사물을 판단한다는 사고죠.

시마오

네에.

사토

예를 들면 저는 현재 일곱 마리의 고양이를 기르고 있어요.

시마오

지금 일곱 마리나요?

사토

타마, 시마, 미케, 치비, 그리고 쇼.

시마오

다른 두 마리 이름은 뭐예요?

사토

일단 아호, 호루라는 이름이 있기는 한데 불러도 반응이 없어요.

시마오

자신들의 이름을 모르나요?

사토

아니요, 모르는 게 아니에요. 고양이는 머리가 좋아요. 내 생각에 이 두 마리는 프래그머티즘 사상을 소유한 프래그머티스트라고 생각해요.

시마오

잘 이해가 안 돼요.

사토

이 두 마리는 내가 자기들 이름을 불렀을 때, 나에게 반응하는 게 의미 없다고 생각하는 거죠. 현실적으로 의미가 없는 것은 가치를 인정하기 어렵다는 것이니까. 인간에게 쓸데없이 에너지를 쓰지 않겠다는 거겠죠.
그 고양이들은 프래그머티스트(pragmatist) 즉 실용주의자인 거예요.

시마오

그런 게 실용주의인가요?

사토

요즘은 그렇게 쓰이는 경우도 많습니다만 원래는 의미가 더 내포되어 있는 단어입니다.

철학은 역사적으로 '진리'를 탐구하는 학문이었죠. 예를 들면 '선(善)이란 무엇인가'라는 질문에 정답은 오직 하나라고 생각하고, 그 유일한 답을 찾으려고 했던 거죠.

시마오

철학이란 건 추상적이고 어려워요. 알기 쉽게 말해 주셨으면 좋겠어요!

사토

19세기 후반, 미국의 철학자 찰스 샌더스 퍼스(Charles Sanders Peirce)는 진리란 정답이 하나로 정해지는 것이 아닌, 우리가 하는 행동에 도움이 되는지 아닌지에 따라 판단되어야 하는 것이라고 했어요. 왜냐하면 인간은 언제든지 틀릴 수 있다고 생각했기 때문이죠. 예를 들면 신의 존재를 철학이나 과학으로 증명할 수 있다고 생각하세요?

시마오

아니요. 믿는 사람은 신이 있다고 생각하겠지만 믿지 않는 사람에게 그걸 납득시키기는 어렵지 않을까요?

사토

맞아요. 찰스 샌더스 퍼스와 동시대에 활동했던 철학자 윌리엄 제임스(William James)는 신이 있는지 없는지 증명할 수는 없지만 신의 존재를 믿음으로써 더 선하게 살 수 있다면 사람에게 '신'이라는 개념은 유용하므로, 그 자체로 충분하다고 말했어요. 이런 생각이 프래그머티즘입니다.

시마오

그렇군요. 지금 말씀은 알 것 같은데, 그게 꿈하고 무슨 상관이 있을까요?

사토

아까 '내 꿈이 뭘까'하고 생각만 하면서 움직이지 않는 사람이 있다고 이야기했잖아요.

자신에게 적합한 꿈은 하나라고 생각하는 게 바로 진리를 탐구하는 자세와 같습니다. 그보다는 무언가를 행동으로 옮겨 보고, 그 행동으로 인해 인생이 조금이라도 나아졌다면 그것은 그 사람에게 '꿈'이자 '해야 할 일'라고 생각하면 되지 않을까요?

시마오

해 보고, 그 결과에 따라 결정한다면 그거 괜찮네요!

미래를 예견하려면
전제를 의심하라

시마오

일단 행동으로 옮겨야 한다는 것은 이해했지만 가능하면 실패는 하고 싶지 않겠죠. 그러기 위해서 세상의 변화를 내다보고 앞을 예견하기 위한 요령이 있을까요?

사토

미래를 예측하는 건 아무도 할 수 없어요. 그러니까 변화의 방향성을 봐야 하는 거죠. 큰 변화 앞에는 전조, 즉 더 작은 변화가 있어요. 그것을 보기 위해서는 자신이 전제라고 생각하고 있는 것을 의심해야 해요.

시마오

전제를 의심하라고요?

사토

사고할 때 도움이 될 만한 데카르트의 사상 하나를 소개할 게요.

시마오

데카르트? 아, 이름은 들어본 적이 있는 것 같아요.

사토

데카르트는 근대 철학의 아버지라고 불리며, 인간은 이성으로 세계를 인식하고 있다고 했어요. 그 이후 철학의 기초가 되는 사상을 처음으로 논리적으로 설명한 철학자이죠.

시마오

으음……, 도무지 모르겠어요.

사토

뭐, 여기서는 그렇게까지 깊게 이해 안 해도 괜찮아요. 데카르트의 유명한 말로는 '나는 생각한다. 고로, 나는 존재한다'가 있죠.

시마오

그 유명한 말, 알죠!

사토

세상에는 상황을 바르게 생각하는 사람도 있고 그렇지 않은 사람도 있는 건 왜 그런 걸까요?

시마오

음, 머리가 좋고 나쁨의 차이일까요?

사토

아니요. 데카르트는 인간이 모두 비슷한 오성[(悟性), 지성]을 가지고 있다고 생각했어요. 다른 건 그 사용법이라고 생각해요. 그리고 데카르트는 기존 학자들이 제대로 오성[지성]을 사용하지 못한 건 아닌지 의심하게 된 거죠. 여러 분야의 책 등에 쓰여 있는 설명에는 오류가 있을 수 있으니까 그걸 하나하나 밝혀내 보자는 거죠.

시마오

의심이 많은 성격이군요.

사토

네. 그렇게 계속해서 의심하다 보면 최종적으로 확실하다고 할 수 있는 게 하나 있어요. 그게 지금 그렇게 생각하는 나라는 존재죠. 모든 학문은 거기부터 출발해서 차근차근 찾아가는 것이고, 그게 바로 데카르트가 제시한 방법적 회의라는 기법이에요.

시마오

좀 더 쉽게 가르쳐 주세요!

계속되는 의심 속에 내가 있었어!!

르네 데카르트
René Descartes
1596-1650년

프랑스의 철학자이며 수학자이다. 방법적 회의라는 기법을 통해 진리를 탐구하는 기초에는 인간의 의식이 있음을 주장하며 근대 철학의 길을 열었다. '책을 통한 학문을 버리고 세상을 통해서 배워야 한다'라며 유럽을 돌아다니면서 사색에 힘썼다. 저서에는 『방법서설』,『철학 원리』,『성찰』 등이 있다.

사토

간단히 말해서, 처음에는 모든 전제를 의심하고 확실하다고 할 수 있는 것을 찾아내는 거죠. 그 다음은 그 확실한 것을 바탕으로 차근차근 사고를 발전시켜 나가는 것이 중요하다고 한 거예요.

시마오

네에……, 아주 단순하게 말하자면 억측은 금물이라는 뜻이네요.

사토

그렇습니다. 세상을 응시하다 보면 '확실한 사실'이 보인다는 뜻이에요. 예를 들어 매일 걷는 상가들을 잘 관찰해 보세요. 그중에 문 닫은 가게가 있다면 왜 닫았을까 생각을 해 보는 거죠. 단순히 그 가게 자체의 문제인지, 장소의 문제인지, 아니면 코로나19처럼 사회 현상에 의한 것인지, 그 가게가 프랜차이즈라면 기업 전략이 뭔지, 그 가게는 정말 이 세상에 필요한지 등을 생각해 보는 거죠.
미래를 보는 눈은 그렇게 해서 '정말 확실한 사실', 본질을 꿰뚫는 데서 비롯됩니다.

시마오

그렇군요. 앞을 예견하려면 세상에서 당연하다고 여기는 것에 '왜?'란 질문을 던지는 것이 중요하다는 의미였네요.

사회 공헌은 이미 누군가 하고 있다

시마오

사람에게 도움이 되는 일이라고 가볍게 말한 게 부끄럽네요. 내가 정말 무엇을 하고 싶은지, 어떤 업종이 세상에 필요한지 등을 잘 살펴보고 싶어요.

사토

맞아요. 그런데 자본주의 사회에서 일하는 이상 기업의 영리 추구가 있어야 비로소 노동자의 자기실현도 이루어진다는 것 또한 사실이죠.

하고 싶은 일이 생겼다거나 사회에 도움이 되는 일이라고 하더라도 회사가 계속 적자라면 어떻게 될까요?

시마오

경제적인 면에서도 정신적인 면에서도 힘들겠죠.

사토

그렇죠. 이 세상에 존재하는 모든 일은 사람에게 필요하기 때문에, 결국 사람을 위한 것만이 남아 있는 것이죠. 자본주의 시장 원리 속에서 필요성이 없어진 일은 도태됩니다. 그러니까 시마오 씨가 '누구를 위한 것인지 모르겠다'라고 생각하는 일이라도, 세상에 필요하다고 여겨지는 일이라면 반드시 누군가 그 일을 하게 된다는 뜻입니다.

시마오

제가 하는 일도 사회 공헌에 기여하고 있다는 건가요?

사토

자본주의에서 가장 중요한 사회 공헌은 뭐라고 생각하나요?

시마오

네? 국제연합(UN) 같은 곳에서 하는 일들일까요?

사토

최고의 사회 공헌은 '납세'죠. 그렇다면 세금을 낸다는 것은 어떤 의미일까요?

시마오

어, 세금을 내려면 돈을 벌어야 한다는 의미군요.

사토

네. 그렇게 해서 납부된 세금이 이번에는 복지 등을 통해 재분배되는 거죠. 이것이 자본주의·민주주의를 표방하는 복지 국가의 역할입니다. 즉, 일한다는 것은 이미 이타주의에 부합한다는 것을 잊지 마세요. 사회에 도움이 되지 않는 일이란 없다는 거죠.

시마오

그렇게 생각하면 무리하게 사회에 도움이 되려고 생각하지 않아도 되니까 편해지네요. 하지만 납세를 많이 하는 사람이 사회에 더 큰 도움이 된다는 것일까요?

사토

그 부분은 분리해서 생각해야겠지요. 각자가 처한 환경 속에서 성실하게 일해 납세 의무를 다하고 있다면 우열 같은 게 있을 리가 없지요. 반대로 주식 등으로 돈을 번 사람의 소득을 '불로소득'이라며 깎아내리는 사람을 보는데, 그들은 돈을 번 만큼 납세 액수가 더 크니까 우리에게 고마운 존재라고 봐도 되죠.

시마오

그렇다면 모인 세금이 정작 제대로 쓰이느냐 하는 것은 또 다른 문제겠네요.

사토

그건 정치가 담당할 역할이죠. 그래서 우리는 선거를 통해서 더 나은 사회 구조를 만들어 나갈 필요가 있어요.

천직이란 것이 정말 있을까?

시마오

사회에 기여하고 싶다고 가볍게 말할 수는 없겠지만 나에게 맞는 천직(天職)이란 게 있을까요?

사토

있죠. 하지만 무엇이 나에게 맞는 천직인지 알기까지는 시간이 걸립니다.

시마오

바로 알 수는 없고, 역시나 시간이 필요한 일이군요.

사토

원래 천직이 뭔지 생각해 본 적이 있나요?

시마오

글쎄요, 자신의 적성에 맞으면서 보람을 느낄 수 있는 직업일까요?

사토

천직이란 단어를 생각할 때 도움이 될 만한 어느 사회학자의 이야기가 있어요. 독일 사회학자인 막스 베버는『직업으로서의 학문』이라는 책을 썼는데, 그 제목에 '직업(일)'은 독일어로 Beruf라고 되어 있죠.

사실 이 독일어 Beruf는 '천직'으로도 쓰여요.

막스 베버
Max Weber
1864-1920년

뛰어난 연구자라도 연구만으로
먹고살 수 있는 건 '운'이다.

독일 태생이며 사회과학자, 사상가, 법학, 정치학, 경제학, 사회학, 종교학, 역사학 등의 분야에서 뛰어난 업적을 남겼다. 자본주의, 관료기구 등 근대 국가 구조에 관한 고찰로 유명하다.

시마오

독일어로는 '직업=천직'으로 사용되는군요.

사토

네. 애초에 해야 할 일을 하늘에서 내린 천직이라고 부르는 이유에 대해 지금부터 기독교적 관점에서 직업이란 개념을 설명할게요. 베버는『프로테스탄티즘의 윤리와 자본주의 정신』이라는 유명한 책에서 프로테스탄트(=개신교) 사회에서 왜 자본주의라는 형태가 생겼는지를 분석하고 있어요.

시마오

개신교는 기독교에서 생긴 한 종파인 거죠?

사토

네. 로마 교회를 중심으로 한 천주교의 부패에 대항하여 루터 등이 종교 개혁을 일으켰죠. 그 종교 개혁으로 갈라진 게 개신교예요.

시마오

개신교가 새롭게 생긴 종파이군요.

사토

네 맞아요. 애초 기독교에서는 일해서 돈 버는 것을 악으로 보고, '금욕'을 옳다고 여겼기 때문이죠.

시마오

'청빈(淸貧)'이야말로 선(善)이라는 이미지네요.

사토

네. 하지만 개신교 중 칼뱅파 사람들은 그렇게 생각하지 않았어요. 그 이유를, 베버는 다음과 같이 설명하고 있어요.

> 부가 위험한 것은 나태하고 타락한 삶을 즐기도록 유혹하는 경우 뿐이며, 부를 추구하는 것이 위험한 이유는 미래에 대한 걱정 없이 안락하게 살고자 하는 목적인 경우에만 해당한다. 직업의 의무를 이행하면서 부를 획득하는 것은 도덕적으로 허용될 뿐만 아니라 명령받은 것이다.
>
> 『프로테스탄티즘의 윤리와 자본주의 정신』,
> 막스 베버 지음, 나카야마 겐 옮김, 닛케이BP클래식

시마오

직업의 의무를 이행한다는 게 뭔가요?

사토

간단히 말하면 신이 '열심히 일하라'라고 말씀하심 → 일한 결과로 돈을 모음 → 금욕해야 하므로 번 돈은 나를 위해 쓸 수 없음 → 돈은 자꾸 쌓임 → 어떻게 해야 할지 생각하는 과정이라는 거죠.

부를 자기 자신만을 위해 쌓는 것도 악으로 보기 때문에 자기 자신의 이익 이외의 다른 곳에 사용하지 않으면 안 된다는 거예요. 시마오 씨라면 어떻게 할래요?

시마오

글쎄요, 기부할 것 같은데요?

사토

생각이 다르네요. 베버는 쌓인 돈으로 투자하고, 투자가 반복되어 자본이 생겼다고 생각했어요.

시마오

그렇군요! 그게 '직업의 의무를 이행한다'라는 뜻이군요.

사토

네. 투자는 자본주의 사회에서는 필요한 과정이죠. 베버는 자본주의가 태어난 배경에, 번 돈을 자신을 위해 쓰지 않고 더욱 투자하여 나은 세상을 만들라고 하는 신의 가르침이 있었다고 설명하죠.

시마오

그렇군요. 자기 자신이 부자가 되기 위해서가 아닌 세상을 움직이기 위해서 돈을 번다고 생각한다면, 자본주의에는 원래부터 세상과 사람을 위한 것이라는 요소가 내포되어 있다고 볼 수 있겠네요.

사토

그렇죠. 여기서 좀 전에 언급했던 Beruf로 돌아가 봅시다. 이 단어에는 '소명(召命)' 즉 신의 뜻이라는 뜻도 있어요. 영어라면 calling이죠. 그러니까 직업이란 신의 부름으로 행해지는 일이라는 거예요.

시마오

그 부분에서 '직업=천직'으로 처음 연결되는군요!

사토

네. 그러니까 천직이란 처음부터 분명히 보이는 것이 아니라, 어쩌면 계속 겪으면서 찾아 나가는 신의 계시 같은 것일지도 모르겠어요.

천직을 얻는 것은 운이다

사토

그러나 천직이 무엇인지 구체화하는 건 매우 어려운 일이에
요. 베버만큼이나 유명한 학자조차도 학문을 업으로 삼는다
는 것은 그야말로 도박 같은 거라고 말했죠.

시마오

도박이라고까지 말했어요?

사토

연구라는 건 전문적인 해답을 찾아가는 과정과 중요한 문제
를 생각해 낼 수 있는 영감, 두 부분이 모두 필요하죠. 이런
영감은 자신의 노력만으로는 어쩔 도리가 없고 주사위 게임
같은 운에 달려있는 것이라고 베버는 생각했어요.

시마오

머리만 좋다고 되는 게 아니군요.

사토

그리고 가령 세상에 필요한 연구를 했다고 해도, 대학에 채용되는 것은 더욱 어렵죠. 누가 뭐라든 채용은 내 의지만으로 되는 것이 아닌 타인의 선택을 받아야 하는 거고 연구자로서 능력이 있어도 교육자로서 능력이 없으면 대학 교수가 될 수 없으니까요.

시마오

요즘에는 박사 학위가 있어도 취직 못 하는 사람이 많이 있긴 하죠.

사토

그래도 학문을 업으로 삼아 진리를 추구하려는 사람들 덕분에 우리 사회는 지탱되고 있어요. 이것은 학문뿐만 아니라 우리가 하는 모든 일에 적용해서 말할 수 있지 않을까요?

시마오

어떻게요?

사토

하고 싶은 일, 좋아하는 일을 업으로 삼기 위해서는 끊임없이 연구하고, 거기서 진리를 찾아내는 등이 여러 가지 노력과 운이 필요해요. 그러나 아무리 필사적으로 일에 몰두해도, 그 운을 손에 넣을 수 있을지는 아무도 모르죠.

시마오

확실히 하늘의 뜻에 달려 있네요.

사토

그렇기에 100% 만족스럽게 보람을 찾거나 자기실현을 이룬다는 건 애초부터 어렵다는 인식이 필요해요.

그렇다고 포기하라고 말하는 건 결코 아닙니다. 인생이란 여러 가지 '변수'를 포함한 연립 방정식과 같은 것이죠. 보람과 돈이란 변수로 이루어진 연립 방정식의 정답이 하나가 아닌, 여러 개 있다고 치고 그것을 찾아내는 과정에 몰두해서 즐기는 것이 '일의 보람'이 아닐까요?

시마오

보람과 돈이란 변수로 이루어진 연립 방정식을 푸는 과정이군요.

사토

영화 〈남자는 괴로워-어서와 토라〉에서 남자 주인공이 "노동자 여러분! 부지런하면 굶어 죽지는 않겠죠?"라는 대사를 하는데 그 대사에는 나름대로 진리가 담겨 있죠.

시마오

그 영화를 본 적은 없는데도 어쩐지 이해가 가네요. 일단 성실하게 일하면 먹고살 수 있다는 말인 것 같은데요.

사토

네, 맞아요. 그러니까 하고 싶은 일이 무엇인지 고민하기 전에 우선 눈앞에 놓인 일에 전념해 보세요. 그러는 과정에서 천직을 찾게 될 거고, 운은 그때부터 시작되는 거죠.

시마오

보람이냐, 돈이냐 고민하기 전에 일단 눈앞의 일에 집중하라는 거군요.

사토

내 첫 작품인 『국가의 덫-외무성의 라스푸틴으로 불리며』를 출간한 이유는 외무부에서 일하는 동료나 부하들에게 내가 임했던 북방영토 교섭과 스즈키 무네오 씨가 맡았던 역할에 대한 진실을 전하고 싶다는 생각뿐이었어요. 그때 제가 직업 작가가 되리라고는 꿈에도 생각하지 못했죠.

하지만 지금 와서 돌이켜 보니 작가가 천직이었던 것 같아요. 천직은 먼저 정하는 것이 아니라 눈앞에 놓인 일에 몰두하다 보면 알게 되는 건지도 모르겠어요.

모든 일은 사람을 위해 존재한다

사회에 도움이 되는 일을 하고 싶다거나 일의 보람을 찾고 싶다는 생각을 하는 것 자체는 좋은 일입니다. 하지만 하던 생각을 잠시 멈추고, 그 일에 지속성이 있는지에 대해 자신에게 물어 보세요. 일에 있어 지속성이란 조직을 존속시킬 정도의 이익을 얻을 수 있다는 의미이기도 하죠. 자본주의 사회는 사회 공헌 관련 업무일지라도 영리 추구가 필수입니다. 그리고 일에 있어 엄격한 잣대가 필요하죠.

그렇다면 하고 싶은 일 따위는 포기하는 편이 좋은가 하면 그렇지도 않아요. 꿈을 이룬다는 건 쉽지 않지만, 진심이라면 반드시 그 일로 먹고 살 수 있어요. 직업을 선택할 때는 자신이 좋아하는 일, 하고 싶은 일 등의 요소를 모조리 끄집어내서 이루어 낼 수 있는 방법을 여러 가지로 생각해 보면 좋아요. 그로인해 한 직업, 한 회사만을 고집하지 않고 다양한 가능성을 보게 되는 거죠.

그중에는 자신의 꿈이나 하고 싶은 일이 무엇인지 잘 모르겠다면서 실행하지 않는 사람이 있어요. 그런 사람은 자신에게 도움이 되는 일인가 그렇지 않은가 라는 시점에서 움직여 보세요. 하고 싶은 일이 생겨 실행하는 것이 아니라 먼저 해 보고 자신이나 남에게 도움이 되었다면, 결과적으로 그것이 '내가 하고 싶은 일=천직'이 되는 거죠. 그렇게 하면 새로운 첫발을 내딛을 수 있어요.

4장. 부정적 감정에 대한 철학

부정적인 사고를 바꿀 수 있을까 ?

"야, 정말 미치겠다."

금요일 집에 오자마자 한숨을 쉬며 혼잣말로 중얼거렸어요.

이번 주까지 사내 품의를 받아야 했던 안건을 까맣게 잊고 있었습니다.

이러니 동기들은 고사하고 후배들한테도 밀리는 거겠죠.

이 나이가 되도록 사무 처리도 제대로 못 하는 제가 한심합니다.

내 안에 맴도는 열등감, 자기혐오와 같은 반복되는 감정에서 벗어나려면

어떻게 해야 할까요?

사토 씨라면 지금 저를 보고 뭐라고 할까요?

러시아어에는
열등감이란 단어가 없다

시마오

사토 씨는 고민하거나 화내지 않는 것 같아요. 감정 조절이 가능한 것 같아 부러워요.

사토

그러지도 않아요. 고민도 많고 화낼 때도 있고요. 시마오 씨 무슨 일 있었어요?

시마오

네, 있어요. 사실은 일하면서 꽤 큰 실수를 해서, 좀 주눅이 들어 있어요.

사토

실수는 누구나 할 수 있는 것이니까, 다음에 만회하면 되지 않을까요?

시마오

그렇긴 한데요. 조금 있으면 이 회사를 10년째 다니는 거고 나름대로 결과를 내야 할 나이인데 뭔가 같은 자리에서 막

힌 듯한 느낌이 들어요. 주변에 일 잘하는 사람들과 저 자신을 비교하면서 매일 우울하게 보내고 있어요. 대체로 일 잘하는 사람들은 명문 대학 출신이라, 새삼스럽지만 학력 콤플렉스도 느끼고 있고요.

사토

열등감을 느끼고 있다는 거군요.

시마오

네, 맞아요. 나쁘다는 걸 알지만 조금만 잘못하면 바로 '내가 그럼 그렇지'라고 생각하는 버릇이 있어요.

사토

일단 열등감을 느끼면, 그것을 의식적으로 없앤다는 건 상당한 노력이 필요해요. 열등감이 쌓이면 이번에는 사람을 나락으로 끌어내리려는 생각, 즉 질투로 이어질 수도 있으니까요.

시마오

사토 씨도 열등감을 느낀 적이 있나요?

사토

물론 있죠. 외무부에는 러시아어를 매우 잘하는 사람이 있었는데, 그에게 열등감을 느꼈죠. 그 사람과 러시아어 통역으로 겨룬다면 이길 방법이 없다고 생각했어요. 그래서 저는 러시아어 통역으로 우열을 따지기보다는 정보 분야에서 좀 더 성과를 내야겠다는 생각을 했지요.

학력과 실력은 별개예요.

아무리 배가 불러도 디저트 배는 따로 있잖아요.

시마오

사토 씨도 러시아어를 더 잘했으면 좋겠다고 생각하는군요. 확실히 외무부에는 우수한 사람들만 있을 것 같은 느낌이 들긴 해요.

사토

그렇죠. 외무부에서 일하는 외교관이나 직원들 대부분이 명문대 출신인 경우가 많아요. 그렇다고 명문대 출신에게 열등감을 느낀 적은 없어요.

시마오

왜 느끼지 않으셨나요?

사토

'정말 머리가 좋구나!'라고 생각한 사람은 5명도 안 될 정노예요. 게다가 명문대 출신이라고 거들먹거리는 사람치고 그렇게까지 우수한 사람을 본 적이 없어요. 시마오 씨도 아까 주변 사람들이 좋은 대학 출신이라고 했는데, 그 사람들이 정말 우수한가요?

시마오

어, 그렇게 들으니, 우수하다기보다 요령이 좋기만 한 사람도 있을지 모르겠네요.

사토

사람들은 쉽게 상대의 직함이나 학력에 속지요. 하지만 학력이 중요하다고 여겼던 정부 부처도 이제는 명문대 출신에 대한 맹신이 많이 없어졌어요. 대기업 간부 중 명문대 출신이 그리 많지 않고요.

시마오

그렇군요.

사토

시험을 잘 치르는 능력이 실제 일과 직결되지는 않아요. 물론 학력도 중요하지만 무엇보다 중요한 건 본질을 꿰뚫어 보는 사고력이죠. 지식이 부족하면 보충하면 돼요. 단지 학력 때문에 콤플렉스를 느낄 필요는 없어요. 결국 열등감의 가장 큰 원인은 자신의 힘을 과소평가한다는 점이거든요.

시마오

제 성과를 생각해 보면 성공 경험이 많지도 않고, 이대로 괜찮을지 불안하니 남들과 비교하게 돼요.

사토

러시아어 통역가이자 작가인 요네하라 마리(米原万里) 씨는 학창 시절 소련에서 학교를 다녔어요. 그녀의 저서 『훌륭하

지 않은 내가 가장 자유롭다(국내 미발매)』에서는 열등감이라
는 단어를 러시아어로는 표현하기 어렵고 심리 상담사 등
전문가가 사용하는 특수한 용어로 사용된다고 적었죠.

시마오

그럼 러시아인은 열등감을 느끼지 않나요?

사토

러시아인들은 시샘이라는 감정이 약한 듯 느껴져요. 요네하
라 씨는 '러시아인이 인격자이기 때문이 아니라, 자신과 타
인이 당연히 다르다고 인식하기 때문이다'라고 말해요.

시마오

사람이 서로 다른 게 당연하겠죠.

사토

열등감은 누구에게나 있어요. 중요한 건 열등감을 대처하는
방법이에요. 나의 모교인 도시샤 대학 설립자인 니지마 조
(新島襄)는 사실 열등생이었거든요.

시마오

그래요? 의외네요.

사토

니지마 씨가 유학한 아마스트 대학은 보통 졸업하게 되면
B.A.(Bachelor of Arts)라는 문학 학사 학위를 받을 수 있어요.
그런데 니지마 씨는 B.S.(Bachelor of Science) 즉 이학 학사

학위를 받았어요. 그 이유는 니지마 씨가 그리스어와 라틴어를 못해 문학 학사 학위를 받을 수 없었기 때문이죠.

시마오

엄격했네요.

사토

하지만 니지마 씨가 미국에서 열등생이었기 때문에 나중에 도시샤 대학을 세울 수 있었어요.

시마오

열등생이어서 도시샤 대학을 세웠다는 게 무슨 뜻이죠?

사토

미국 학생과 비교해서 일본 학생의 능력이 떨어지는 게 아니지만, 그럼에도 불구하고 일본에서 받은 교육적 한계가 있다고 생각했어요.

그래서 미국 대학에서 열등생이 될 수밖에 없었던 니지마 씨 본인의 경험에 비추어 유럽이나 미국 사람들과 대등한 입장에서 경쟁하려면 반드시 일본에도 근대적인 대학이 필요하다고 생각을 하게 된 거죠.

시마오

그렇군요.

일은 끈기가 필요하고 끈기 있는 자가 이긴다.

니지마 조
新島襄
1843-1890년

고우즈케국(上野国) 안나카(安中) 번(藩)⁶의 무사 집안에서 태어났다. 난학(蘭學)을 공부하고, 21세 때 미국으로 밀항해 기독교 세례를 받는다. 그 후 이와쿠라(岩倉)⁷ 사절단의 도미 통역으로 동행한다. 귀국 후 미국에서 받은 고등 교육을 일본에서 실현하기 위해 도시샤 대학을 설립한다. 아내는 아이즈(会津) 전쟁⁸에 참전한 것으로 알려진 니지마 야에(新島八重)이다.

❻
일본 에도시대에 1만 석 이상의 영토를 보유했던 봉건 영주인 다이묘가 지배한 구역이다.
❼
1871-1873년 사이 일본에서 미국, 유럽 등에 파견된 사절단이다.
❽
1868-1869년 사이 일본에서 왕정 복고로 수립된 메이지 정부와 옛 막부 세력이 벌인 전쟁이다.

사토

니지마 씨는 도쿄대처럼 관료 양성을 목적으로 하는 국립대학이 아닌, 영국이나 미국과 같이 교양 과목을 중시하는 사립대학을 만들었어요. 다른 관점에서 보면 니지마 씨가 인간의 '자유'와 '양심'을 바탕으로 하는 기독교적 교육을 일본에서도 실현하고자 했던 의지는 본인이 안고 있던 '열등감'으로부터의 해방과 관련된 것이라고도 볼 수 있죠.

시마오

니지마 씨도 열등감을 발판으로 도시샤 대학을 만들었다는 거네요.

질투는 악마와 같다

사토

일에 있어 내가 우려하는 것은 열등감보다 질투라는 감정입니다.

시마오

어? 질투? 사실 일 때문에 질투하는 면도 있지만, 일정 부분은 어쩔 수 없는 일 아닌가요?

사토

시마오 씨! 질투의 정의가 뭔지 아세요?

시마오

사람을 시기하는 거죠.

사토

네. 철학자 미키 기요시(三木清)는 독일에서 유학하고, 철학자 하이데거 밑에서 공부한 수재로 제2차 세계대전 중 치안유지법 위반⁹으로 잡혀 감옥에서 죽어요. 미키 기요시는 다음과 같은 말을 남겼어요.

⑨ 1925년 일제가 천황제를 유지하고, 사회주의 운동이 확산되는 것을 막기 위해 제정한 법령이다.

168

> 만약 나에게 인간이 갖는 본성 중 선(善)이 아닌 것을 의심하라고 한다면, 그것은 인간 마음에 존재하는 질투이다. 질투야말로 베이컨(Francis Bacon)이 말했듯이 악마에게 가장 적합한 속성이다. 질투는 교활하며, 일반적으로 어둠 속에서 선을 해치기 위해 움직인다.
>
> 『인생론 노트』, 미키 기요시 지음

시마오

질투가 악마에게 가장 적합한 속성이라니 겁나네요!

사토

실제로 일에 있어서 질투는 질이 나빠요. 내가 외교관 시절 가스미가세키(霞が関)[10]의 관료들과 나가타쵸(永田町)[11]의 정치인들을 가까운 곳에서 볼 수 있었죠. 그래서 소위 엘리트라고 불리는 사람들이 품는 질투의 무서움을 보게 되었어요.

질투만큼 생산적이지 않은 사념의 존재는 없습니다.

제일고등학교에서 교토대학교로 진학해 니시다 기타루(西田幾多郎)[12]에게 철학을 배웠다. 독일로 유학해 하인리히 리케르트(Heinrich Rickert)나 마르틴 하이데거(Martin Heidegger) 등 일류 철학자에게 가르침을 받았다. 니시다 문하의 교토 학파 중 한 명으로 철학·평론 등에서 활약하다가, 1945년 치안유지법을 위반한 용의자를 몰래 숨겨 준 죄로 투옥된다. 종전 직후 9월에 옥사한다. 참고로 인용문에 나온 베이컨은 16~17세기에 활약한 영국 철학자 프랜시스 베이컨이다.

[10] 일본 도쿄도 지요다구에 있는 지역으로 중앙관청이 있는 곳이다.

[11] 일본 도쿄도 지요다구 남쪽에 위치한 곳으로 국회의사당이 소재하며, 정계를 뜻하는 말로도 통용된다.

미키 기요시
三木清
1897-1945년

[12] 근대 일본 철학자. 일본의 독자적 철학을 형성시킨 인물이다. 불교를 비롯한 동양적 사유의 전통에서 고금의 서양 철학을 의욕적으로 받아들여 '니시다 철학'이라고 불리는 철학 체계를 수립했다.

시마오

엄청 무서운 일이 일어날 것 같네요! 사토 씨도 피해를 본 적이 있나요?

사토

솔직히 말해서 제가 누군가의 질투를 살 만한 위치에 있었다고 생각하지는 않아요. 하지만 책상 위의 노트나 수첩이 없어진 적이 있기는 했어요.

시마오

그런 유치한 짓도 하네요!

사토

그렇습니다. 애당초 질투는 유치한 감정이에요. 이런 유치함이 질투에서 두려워해야 할 점이죠. 질투하는 사람은 본인이 그런 비열한 감정을 품고 있다고 생각하지 않아요. 그래서 힘든 거죠.

시마오

자신의 유치함을 자각하지 못한다는 거잖아요!

한가한 사람일수록
스스로 인지하지 못하는
질투에 시달린다

시마오

그런 유치한 감정을 스스로 조절할 방법이 있나요?

사토

질투하는 사람은 자신이 질투하고 있다고 느끼지 못하죠. 반대로 저 사람이 나빠서 그렇다고 상대방의 결점을 찾아내서 자신을 정당화해요.

시마오

정말 질이 나쁜 감정이군요. 본인이 질투하는지 아닌지 인식할 수 있는 방법이 있을까요?

사토

뭐든지 서로 말할 수 있는 친구에게 조언을 받을 수밖에 없겠지요. 질투를 이해하는 데 도움이 되는 소설이 있어요. 바로 메이지 시대의 문호인 나쓰메 소세키(夏目漱石)의 작품 『그 후』입니다.

시마오

그건 학생 때 읽은 것 같아요. 기억하기로는 친구의 아내를 빼앗는 이야기 맞죠?

사토

주인공인 다이스케는 나쓰메 소세키가 자주 소설 소재로 삼는 '고등유민(高等遊民)'이죠. 고등유민이란 학력이 높고, 부유한 집안에서 태어나 일하지 않고도 살아갈 수 있는 돈을 부모로부터 받아 생활하는 부류입니다. 당시는 취업난이 심한 시대여서 그런 사람이 꽤 있었어요. 머리가 좋고 시간적 여유가 있으니 사회란 무엇인가, 나란 존재는 무엇인가 등과 같은 질문으로 머리를 싸매고 고민하죠.

시마오

인간은 한가하면 안 되겠네요.

사토

한편 절친인 히라오카는 은행에서 일하면서, 자력으로 생활하는 인물이죠. 간단히 말하면 머리로만 생각하는 인물과 현실 생활을 중시하는 인물이 대비되어 있어요.
학창 시절 두 사람이 함께 마음에 품었던 미치요라는 여성은 히라오카와 결혼하는데, 그건 다이스케의 권유로 이루어신 것이었죠. 이후 오랜만에 만난 히라오카는 문제가 생겨 은행에서 퇴직하고 돈에 쪼들리게 됩니다. 그리고 미치요와 재회한 다이스케는 자신이 그녀에게 품었던 연정을 깨닫고 그녀를 자신에게 돌려달라고 히라오카에게 부탁해요.

시마오

자기가 결혼을 권유해 놓고 나중에 뺏다니 무슨 심보인지 모르겠네요.

사토

그렇죠. 『그 후』는 부조리를 다룬 소설이에요. 사실 다이스케의 질투심은 미치요에 대한 것만이 아닌, 히라오카가 삶을 살아가는 방식에서도 느끼는 거죠. 다이스케 본인은 일도 하지 않으면서, 은행에서 문제가 생겨 그만둘 수밖에 없었던 히라오카를 시종일관 위에서 내려다 봅니다. 이것은 스스로 살아갈 힘을 가진 히라오카에 대한 다이스케의 질투심이에요.

시마오

그렇네요. 그렇게 읽을 수 있겠군요.

사토

친한 친구에게 배신당했다는 것을 알게 된 히라오카는 다이스케의 아버지에게 편지로 모든 것을 알리죠. 상황을 알게 된 다이스케의 아버지는 격노하고 결국 다이스케와의 연을 끊어버리고 맙니다.
문제는 다이스케가 본인이 질투하고 있다는 사실을 깨닫지 못한다는 점이죠.

영국 유학은 힘들었다.

나쓰메 소세키
夏目漱石
1867-1916년

근대 일본 문학사 제일의 소설가이자 문학가이다. 중학교, 고등학교 등에서 영어를 가르치고, 영국으로 유학한다. 유학 중에는 극도의 신경쇠약에 시달려 귀국 후, 도쿄대학교에서 교편을 잡는다. 저서로는 『나는 고양이로소이다』, 『도련님』, 『풀베개』[13]등으로 차례차례로 화제작을 발표했으나 위장병과 신경쇠약 등 컨디션 난조로 인해 건강이 점점 나빠졌다.

[13]
『나쓰메 소세키 전집』
현암사, 2014, 한국어
판

시마오

스스로 질투하고 있다는 사실을 깨닫지 못한 게 비극으로 이어진 것이군요.

질투를 끊어내기 위해 필요한
친구의 가치

사토

그런 의미에서도 제대로 그 점을 지적해 줄 수 있는 친구는
중요해요. 첩보 세계는 개인주의 성향이 지배적이라고 생각
하기 쉽지만 정보를 다루는 제 엘리트 친구들은 모두 이구
동성으로 마지막으로 믿을 수 있는 것은 자신과 가장 친한
친구라고 말해요.

시마오

친한 친구라고요?

사토

이스라엘의 첩보 기관인 모사드에서 활약한 볼프강 로츠
(Wolfgang Lotz)는 전설적인 스파이였어요. 그는 '우정이란
상대의 몸무게와 같은 무게의 금을 값으로 치를 만한 마음
의 준비가 되어 있지 않으면 안 되는 것'이라고 말했어요.
즉, 가장 친한 친구의 가치는 값으로 매긴다면 친구 몸무게
만큼의 금 무게와 동등한 가치가 있다는 거죠. 금 1g에 한화
7만 5천 원이고, 친구 몸무게가 70kg이라면 52억 5천만 원에
상당하는 금액이죠.

시마오

돈으로 환산하니 단번에 친한 친구의 가치가 엄청나다는 걸 실감하네요. (웃음)

사토

친한 친구에게 질투에 대해 조언을 받았다고 해서 질투라는 감정이 간단하게 없어지지는 않죠. 구약성경 출애굽기에 '너희는 다른 신을 예배해서는 안 된다. 나의 이름은 질투하는 야훼, 곧 질투하는 신이다'[14]라고 신을 표현했을 정도이니 사람과 질투는 뗄 수 없는 관계이겠죠.

❹
출애굽기(공동번역)
34장 14절

시마오

신조차 질투가 많다면, 인간 또한 질투심을 갖는 게 당연한 거겠죠?

사토

그런데 한편으로 Jealousy라는 말의 어원은 zeal, 즉 '열의(熱意)'[⑮]이라는 말과 같죠.

시마오

열의?

사토

그 말은 질투라는 감정의 근원이 사랑에 가까운 열의라는 거죠. 저는 질투심이 별로 없다고 했지만, 뛰어난 기존 신학자들의 책을 읽으면 대단하다는 생각과 동시에 어떻게 이런 글을 쓸 수 있을까 하고 질투를 느낄 때가 있어요.

시마오

수준 높은 질투네요!

사토

지금 제 작가로서의 표현 활동은 그 질투심을 열의로 전환했다고 말할 수 있을 것 같아요. 그러니 질투심을 느끼면 그것을 긍정적 에너지로 변환하려는 관점을 갖도록 하세요. 그렇게 조절할 수 있는가에 따라 앞으로 당신 인생이 크게 달라집니다.

질투는 슬픔으로부터
자신을 보호하려는 마음이다

시마오

저도 질투가 심해지는 것 같으면 친구에게 조언을 한 마디
받아야겠어요!

사토

한편으론 질투심이 없는 것도 추천하지 않아요. 저도 예전
에는 질투를 느끼지 않는 것이 좋은 일이라고 생각했어요.
그런데 그게 실수였다는 걸 알게 된 시기가 있었어요.

시마오

질투심이 없는 게 왜 좋지 않죠?

사토

그것은 스즈키 무네오(鈴木宗男) 씨를 보고 있다가 알게 되었
어요. 스즈키 씨는 정치인치고는 정말 질투심이 전혀 없는
사람이었거든요.

시마오

네에, 그렇군요?

사토

내가 아는 한 정치 세계만큼 질투심이 난무하는 세계는 없어요. 관료의 철칙 중 하나가 정치인 앞에서는 다른 정치인을 칭찬해서도 깎아내려서도 안 된다는 것이죠. 하지만 스즈키 씨는 다른 정치인이 칭찬받고 있으면 그저 감탄하면서 듣고 있을 뿐이었어요.

시마오

좋은 사람 아닌가요?

사토

그런데 질투심이 없다는 것은, 반대로 타인의 질투에 둔감하다는 뜻이기도 하죠. 나는 스즈키 씨의 이런 점이 '스즈키 무네오 사건'으로 체포되는 원인 중 하나가 되지 않았을까 해요.

시마오

상대가 갖게 되는 질투라는 감정을 알아채지 못해서 당했다는 거군요!

사토

그런 유형의 사람 중에는 능력이 좋거나 지위가 높은 사람이 많아요. 외무부 유럽 국장을 지낸 토고 가즈히코(東鄕和

彦)씨의 아버지는 외무부 차관과 주미대사를 역임하셨고, 할아버지는 주소련대사와 외무대신을 지내셨어요. 그는 외교관 집안으로 영어뿐만 아니라 프랑스어, 러시아어도 유창하게 구사했죠.

시마오

대단한 금수저 출신이네요!

사토

토고 씨가 어느 날 저에게 자기는 사실 외교관이 아닌 프랑스 문학에 대한 문예 비평을 하고 싶었지만 재능이 없어서 어쩔 수 없이 외교관이 됐다고 말했어요.

시마오

어쩔 수 없이 외교관이 되다니! 한 번이라도 좋으니 그런 말을 해 보고 싶네요!

사토

하지만 저는 전혀 불쾌하다고 느끼지 않았어요. 이런 말을 다른 사람이 들었다면 질투를 할 텐데 정작 본인은 그런 감정을 모르기 때문에 주위의 악의를 전혀 눈치 채지 못하고 있는 것이죠,

시마오

질투의 대상이 되지 않도록 조심하는 것도 중요한가요?

사토

원래 질투라는 것이 같은 위치에 있는 사람끼리 느끼는 감정이죠. 17세기 네덜란드의 철학자 스피노자(Baruch Spinoza)는 다음과 같이 말했어요.

> **"**
> 어떤 사람도 동류(同流)가 아닌 인간의 덕을 질투하지 않는다.[16]
> 『에티카』 정리 55계, 스피노자 지음, 쿠도 키사쿠, 사이토 히로시 번역, 츄코클래식

[16]
자신과 비슷한 처지에 있는 사람에 대해서만 질투하지, 전혀 다른 상황에 있는 사람을 질투하지는 않는다는 의미이다.

자신과 당연히 다른 것에는 질투심이 일어나지 않는다는 거죠. 스피노자는 수목이 높다고 해서 그 수목을 질투하지는 않고, 사자가 강하다고 해서 그 사자를 질투할 일도 없다고 했어요.

시마오

그건 그렇네요. 그렇다면 저는 저와 비슷한 처지에 있는 사람을 조심해야겠다 싶긴 한데, 저에게 질투를 느끼는 사람은 별로 없어요.

사토

스피노자에 따르면 질투는 슬픔이란 감정으로 이어지죠. 그리고 인간은 그 슬픔을 없애고 싶어 합니다. 그때 자신의 약점을 바꿀 수 없으니까 자신과 비슷한 처지에 있는 사람들의 활동을 나쁘게 해석하거나 아니면 자신의 활동을 최대한 포장해 버리는 거예요.

시마오

남을 나쁘게 말하거나, 자신을 강하게 보이려는 것은 슬픔
이란 감정으로부터 도망치기 위한 자기방어였다는 거군요.

선이란? 악이란? 모든 것은 조합!

바뤼흐 스피노자
Baruch Spinoza
1632-1677년

네덜란드 태생의 철학자로 유대인이었으나, 유대교에서 1656년 파문
된다. 신즉자연(神即自然)[17]이라는 범신론(汎神論)[18]을 주창했기 때문
에 기독교계로부터 '무신론'으로 간주되어 위험 사상으로 탄압받았다.
렌즈 연마를 생업으로 하면서 독자적인 철학을 구축했고, 저서로『에
티카』,『데카르트의 철학 원리』,『신학·정치론』 등이 있다.

[17]
일체의 자연은 곧 신
이며, 신은 곧 일체의
자연이다.
[18]
신과 전 우주를 동일
시하는 종교적·철학
적 혹은 예술적인 사
상 체계이다.

자기혐오와 자기애는
동전의 양면과 같다

시마오

질투의 창끝이 남이라면, 부정적인 감정이 자신을 향할 때
는 어떻게 해야 할까요? 저는 자주 자기혐오에 빠질 때가 있
어서 그런 말은 안 했으면 좋았을 거라든지, 이런 행동을 한
것을 보고 상대가 나를 어떻게 생각했을지 등을 항상 후회
하면서 한숨짓는 것 같아요.

사토

자기혐오 말이죠? 하지만 그게 꼭 나쁜 것만은 아니에요.

시마오

그럴까요?

사토

자기혐오라는 것은 자신을 떼어내어 좀 더 객관적으로 나
자신을 볼 수 있는 거죠. 그래서 자기혐오는 자기반성을 위
해서 굉장히 중요해요.

시마오

하지만 자기혐오에 빠지기 쉬운 사람은 자신을 탓하기 쉬워
요. 이건 자기긍정감이 떨어지게 만들기도 해서 좋은 일은
아니잖아요.

사토

사실 그런 사람들은 자신을 진심으로 탓하지 않는다고 생각
해요. 오히려 '자책하는 자신'을 좋아하는 거죠.

시마오

그것도 나르시시스트의 일종이겠죠?

사토

자기혐오와 세트로 생각해야 하는 것이 자기애입니다. 신은
'네 이웃을 자기처럼 사랑하라'라고 말했어요. 이 '자기처럼'
이라는 게 중요합니다. 왜냐하면 나를 사랑하지 않으면 남
을 사랑할 수 없기 때문이에요. 하지만 자기애는 때로 폭주
합니다.

시마오

자기애가 폭주한다는 건 자신을 너무 좋아한다는 뜻인가요?

사토

자신을 너무 좋아한다기보다는 자신을 특별한 존재라고 생
각하는 편에 가까울 것 같아요. 주위 사람들은 그런 자신을
질투하는 것이라고 생각하죠.

시마오

옆에 있으면 피곤해지겠네요.

사토

그래서 고립되어 버리는 거죠. 사실 엘리트 관료 중에는 그런 사람이 적지 않아요. 모토야 유키코(本谷有希子) 씨의 소설 『바보들아, 슬픈 사랑을 내보여라[19]』에 나오는 와고 스미카(和合澄伽)는 고등학교 연극부에 들어가 활동하면서, 자신이 미래에 유명한 여배우가 될 거라고 확신하는 인물이죠.

[19]
한성례 옮김, 뿔,
2009(한국어판)

'나는 정말 쓸모없는 인간이다.' 라면서

자기 자신을 비판하는 내가 너무 멋있어!

시마오

저도 읽었어요. 와고 스미카는 고등학교 축제 기간 중 연극 공연을 했는데, 그 연극을 관람하는 사람들이 그녀를 시큰둥하게 바라보는데도 전혀 자신감을 잃지 않았어요. 진짜 그녀는 강철 멘탈인 거죠.

사토

와고 스미카의 여동생은 그런 그녀의 모습을 바라보면서 언니가 현실에 순응할지, 혹은 현실을 극복할지를 두고 싸우고 있다고 느끼게 되죠. 어느 쪽이 이길지는 모르지만요.

시마오

사회 현실에 맞춰 나를 바꿀지 아니면 머릿속으로 현실을 왜곡하며 살아갈지에 대한 선택의 기로인 거네요.

자기혐오는
비뚤어진 자기애로 변한다

사토

즉 지나친 자기혐오와 왜곡된 자기애는 동전의 양면과도 같습니다. 자신이 특별한 존재라 생각하기 때문에 그 수준에 도달하지 못한 자신을 책망하는 거죠. 애초부터 자신에게 지나친 기대를 해서 그러지 못했을 때의 낙심이 큰 거예요.

시마오

그리고 자기혐오가 반대로 자기애가 되어버리는 거군요.

사토

그러한 왜곡된 자기애를 설파한 것이 독일의 철학자 니체(Fridrich Nietzsche)예요. 니체는 저서 『도덕의 계보』에서 선악의 가치관이 어디에서 왔는지를 분석했어요.

시마오

니체의 이름은 들어본 적이 있어요. 뭐라고 한 것 같은데요? 누가 죽었다고 했어요.

사토

'신은 죽었다'라고 했죠.

시마오

맞아요, 맞아! 그런데 왠지 천벌받을 소리 같네요.

사토

니체가 말하려고 한 것은 지금까지 인간이 생각해 온 궁극적인 가치, 즉 '○○ 때문에 인간이 살아가는 의미가 있다'에서 '○○'에 해당하는 건 아무것도 없다는 거예요. 그 필두에 해당하는 것이 기독교의 신이므로 그는 '신은 죽었다'고 말한 거죠.

시마오

인생에 의미란 없다는 건가요?

사토

네. 니체는 그것을 '니힐리즘(nihilism, 허무주의)'라고 부르고, 사람은 니힐리즘에 견딜 수 있는 강인함을 가진 '초인'이 되어야 한다고 말했어요.

시마오

초인이요!?

사토

니체에 따르면 우리가 당연하게 생각하는 선악은 사실 기독교적 가치관일 뿐이죠. 그 가치관에서는 약한 자만이 선이고 강한 자는 악으로 여겨요.

시마오

확실히 정부나 대기업 등을 보고 있으면, 강자가 약자를 못살게 하는 그런 구도가 있어요. 그래서 권력을 갖고 있는 쪽이 대체로 악으로 간주되죠.

사토

네. 하지만 그렇다고 해서 약한 것이 옳은 것일까요?

시마오

들어 보면 아닌 것 같기도 하네요. 약하지만 나쁜 짓을 하는 사람은 있죠.

사토

니체는 그 부분에서 기독교적인 기만을 끄집어내죠. 기독교가 생기기 전까지는 귀족과 같은 강자가 좋은 것이고, 약자인 서민은 악이었어요.

시마오

기독교가 생기면서 강자와 약자가 서로 바뀌었다는 거네요.

사토

그렇죠. 약자가 선(善)으로 여겨진 것은 인간 본연의 가치관이 아닌 기독교에 의해 주입된 사상이라고 주장했죠.

시마오

니체는 겁이 없네요!

사토

니체는 약자가 강자에게 느끼는 질투, 즉 르상티망(ressen-timent)㉮이 약자가 선이라는 의식을 만들었다고 생각해요. 약자는 강자를 어떻게 해도 이길 수 없으니, 이길 수 없는 그 자체를 선으로 바꿔 규정하는 거죠. 그런 생각을 지지해 준 것이 기독교였던 거고요.

㉮
원한, 증오. 특히 니체의 용어로서, 약자가 강자에게 갖는 복수심으로 울적한 심리 상태이다.

시마오

질투가 '도덕'을 만들어 내고 모두 그 생각에 젖어 들었다고 보는 거군요.

사토

바로 그거예요! 그래서 니체는 그런 도덕을 '노예 도덕'㉯이라고 말해요. 니체는 기독교가 안고 있는 문제를 밖으로 드러냈죠. 이렇게 질투로 인해 가치관이 왜곡되는 경우가 있기 때문에 왜곡된 자기애는 주의해야 해요.

㉯
가치를 스스로 설정하지 못하고 지각이 없는 군중의 도덕을 말한다.

시마오

지나친 자기애는 도덕마저 바꾸는군요.

프리드리히 니체
Friedrich
Nietzsche
1844-1900년

내가 깊은 연못을 들여다보고 있을 때
깊은 연못 또한 나를 들여다보고 있는 법이다.

독일의 철학자이며 고전 문헌학자로서 두각을 나타내고, 24세에 바젤 대학의 교수가 된다. 병 때문에 대학을 그만둔 뒤에는 각지를 떠돌며 사색에 심취했다. 아포리즘(aphorism)㉮과 시 같은 스타일의 철학적 저서로는 『선과 악의 저편』, 『차라투스트라는 이렇게 말했다』, 『이 사람을 보라』 등이 있다. 영겁회귀㉯ 등 니체의 독자적인 개념은 20세기 철학자들에게 큰 영향을 미쳤으나, 말년에는 정신적 문제로 미치기까지 한다.

㉮
깊은 체험적 진리를 간결하고 압축된 형식으로 나타낸 짧은 글이다.

㉯
영겁회귀(永劫回歸)라고 한다. 니체가 말하길 인생은 원의 형상을 띠면서 영원히 반복되는 것으로 현실 속 삶의 고뇌와 기쁨을 그대로 받아들이고 그 순간만을 충실하게 생활하는 데 인생의 자유와 구원이 있다고 했다.

㉰
마태오 복음(공동번역)
22장 39절

사토

그러한 왜곡된 감정을 제거하기 위해서는 건전한 자기애를 갖는 게 중요하죠. 성경에는 네 이웃을 네 몸같이 사랑하라㉰는 구절이 있어요. 이는 모든 다른 사람을 자기 자신과 똑같이 사랑하라는 타인에 대한 사랑을 설파하는 것으로 해석되기 쉽지만 중세 기독교 신학자 토마스 아퀴나스(Thomas Aquinas)를 연구하는 도쿄대 교수 야마모토 요시히사(山本芳久) 씨는 토마스가 '자기애는 타인을 사랑하는 마음보다 우선시 된다'고 생각했다고 봐요.

시마오

타인을 사랑하기보다 나를 사랑하는 것이 우선이다.

사토

네. 토마스 아퀴나스는 저서 『신학대전』에서 다음과 같이 서술하고 있어요.

> **"** 우리가 다른 사람에 대해 애정을 갖는 것은 우리 자신을 대하는 듯한 태도를 취하기 때문이다.
>
> 『신학대전』 제2부 제25문제 제4항, 토마스 아퀴나스 지음,
> ※야마모토 요시히사의 『토마스 아퀴나스』(이와나미 신서) 재인용

남과 비교하거나 남의 불행을 바라는 것으로는 영원히 자신을 긍정할 수 없어요. 자신을 건전하게 사랑하는 것이 모든 부정적인 감정으로부터 자신을 보호하기 위한 수단인 거죠.

타인에 대한 사랑보다 건전한 자기애로 자신을 보호하자

'어차피 나란 인간은'이라는 부정적인 감정에 시달릴 때는 어떻게 해야 할까요. 세상에는 나보다 능력이 뛰어난 사람이 많아요. 저도 잘난 사람에게 열등감을 느끼기는 해요. 그럴 때는 같은 영역에서 경쟁하지 않아요. 도망치지 말고 시야를 넓혀 자신의 능력을 발휘할 수 있는 영역을 찾아 보세요.

열등감보다 무서운 건 남을 부러워하면서도 상대를 끌어내리려는 '나쁜 질투심'이에요. 사실 질투는 좋은 질투와 나쁜 질투가 있어요. 좋은 질투는 열정과 의욕으로 바꿀 수 있는 겁니다. 그래서 질투심이 전혀 없는 것도 좋은 일이 아니에요. 다만 자신이 나쁜 질투에 빠져 있는가에 대해서는 좀처럼 스스로 알 수가 없어요. 그럴 때는 신뢰할 수 있는 친구에게 객관적으로 조언을 듣는 것이 좋아요.

'자기혐오'에 빠지기 쉬운 사람은 사실 자기에게 관대할 가능성이 있으므로 주의해야 합니다. 지나친 자기혐오와 비뚤어진 자기애는 동전의 양면과 같아요. 그러한 비뚤어진 자기애는 나쁜 질투로 이어져요. 건전하게 자신을 사랑하고 자신의 능력을 객관화하다 보면, 모든 부정적인 감정으로부터 나를 보호하고 긍정적인 마음을 가질 수 있는 거죠.

5장. 고독에 대한 철학

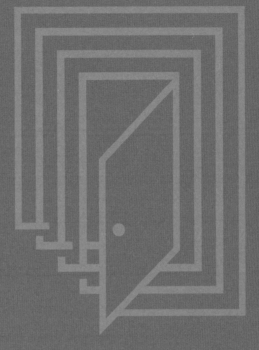

혼자라는 건 슬픈 걸까?

나는 사토 씨의 조언으로 '부정적인 감정'을 어느 정도 조절할 수 있게 되었지만,

새로운 고민이 생겼다. 이것만은 혼자서 해결하기 어려울 것 같다.

그 고민이란 것이 '고독'이기 때문이다.

코로나19 여파로 원격 근무가 보편화되면서 우리 회사도 화상 회의가 늘었다.

무의미한 회사 회식이 줄어들어서 좋기는 한데 친구들과 편히 보던 만남도 예전보다

많이 줄었다. 출·퇴근을 하지 않아 처음에는 다행이라고 생각했지만

혼자 집에 있는 시간이 길어지면서 점점 답답함을 느끼는 순간이 늘고 있다.

코로나19가 진정되면 기분도 원래대로 돌아갈지 모르지만

그렇다고 이 우울한 기분을 계속 견디는 건 힘들다.

그래서 나는 사토 씨에게 온라인으로 연락을 취해 보았다.

왜 인간은
외로움을 느끼는 걸까?

시마오

사토 씨, 이렇게 얼굴 뵙는 거 꽤 오랜만이네요.

사토

그렇군요. 요즘은 온라인 미팅도 많아져서 물리적, 시간적 거리를 느끼지 않게 되었어요.

시마오

저도 업무를 집에서 하는 경우가 많아지고 술 마시러 갈 기회는 줄어들면서 혼자 있는 시간이 많아졌어요. 좀 외롭네요. 저는 결혼도 안 했고 애인도 없기 때문인지, 문득 생각해 보면 아무하고도 얘기 안 한 날들도 많이 있더라고요.

사토

지금 전 세계에서 고독과 고립이 매우 큰 사회 문제가 되고 있어요. 특히 노인들의 고독사, 히키코모리와 같은 문제로 이어지니까요. 조속한 대책이 필요하죠.

시마오

저는 어떡하면 좋을까요?

사토

고양이를 길러 보는 건 어떨까요?

시마오

고양이요?

사토

고양이 좋아요. 고양이는 속이지도 않는데다 인간과 달리 은혜를 잊지 않아요. 내가 다시 태어난다면 고양이가 좋겠다고 생각하거든요.

시마오

사토 씨가 고양이라고요? 저 정말 지금 진지하거든요! 사토 씨도 고독을 느끼나요?

사토

그거야 당연하죠. 512일 동안 독방에 갇혀 있을 때, 말 그대로 고독했어요. 다만

기질적으로 내향적이고 비교적 인내심이 강한 성격이라고 자부하는 편이에요. 또, 책을 읽거나 글을 쓸 수는 있었으니까 그렇게까지 견디기 어렵지는 않았던 것 같아요.

시마오

그래도 굉장하세요. 그런데 체포되고 나서 많은 친구나 직장 동료들이 떠나갔다고 하셨는데 그건 외롭지 않았나요?

사토

뭐 그랬죠. 그렇다고는 해도 진정한 친구라 부를 수 있는 사람이 3명만 남아 있어 준다면 그걸로 충분하거든요. 차갑게 들리실지 모르겠지만 이전에 말씀드린 것처럼 사회인이 되고 나면 누구든 기본적으로 본인에게 도움이 되는 사람하고만 친해지게 되죠.

시마오

사토 씨는 항상 명확하네요. 하지만 이렇게 인터넷도 발달한 세상이 됐는데 왜 사람들은 외로움을 느끼는 걸까요?

사토

실제적인 관점에서 말하자면, 개인 차원이 아니라 현재 사회의 폐쇄성이 큰 이유라고 생각해요. 예를 들면 일본이나 한국은 자살률이 높은 나라라고 하는데 애초에 자살하는 사람이 많아지는 이유는 뭐라고 생각하세요?

시마오

돈 문제 때문일까요?

사토

그런 문제도 있겠지만 사실 경제적인 고민은 표면적인 것에 불과해요. 그 실체는 '불안'과 같은 심리적인 요소가 크다고 생각됩니다.

시마오

불안이라고 하니까 왠지 막연하네요.

사토

'막연한 불안'은 바로 아쿠타가와 류노스케(芥川龍之介)[25]가 자살을 선택한 이유였어요. 아쿠타가와는 친구에게 보낸 편지에 '미래에 대한 막연한 불안'이라고 썼어요. 이 심리적 이유와 자살의 관계를 가장 먼저 발견한 사람이 체코슬로바키아 공화국의 초대 대통령이었던 토마시 가리크 마사리크(Tomáš Garrigue Masaryk)라는 인물이었거든요.

시마오

토, 토마토, 갈릭, 마사라다?

[25] 일본 다이쇼 시대를 대표하는 소설가이다. 예술지상주의 작품이나 이지적으로 현실을 파악한 작품이 많다.

자살은 근대적인 현상이다

사토

토마시 가리크 마사리크는 정치가일 뿐만 아니라 사회학자
이기도 해요. 빈 대학에서 그의 교수 자격 취득 논문이 '현대
문명의 사회적 대량 현상으로서의 자살(1878/출판은 1881)'
이에요. 그중 그는 개신교(프로테스탄트) 지역과 천주교(가톨
릭) 지역에서의 자살률 차이를 통계적으로 조사했어요.
자, 어느 쪽이 높은 자살률을 보였을까요?

시마오

어, 제 기억으로는 개신교가 새로 태어난 종파였던 것 같은
데요?

사토

네. 원래 종교 개혁은 도시 지역에서 먼저 일어났기 때문에
필연적으로 개신교도가 많이 사는 지역은 근대적인 도시가
중심이었죠. 반면 천주교도가 많이 사는 지역은 전통적인

촌락 공동체입니다. 즉, 개신교 지역 쪽이 경제적으로는 풍요롭다는 거죠.

시마오

그렇다면 자살률의 경우 천주교 지역이 더 높을 것 같았는데 실제로는 개신교 지역이 더 높았다는 말인가요?

사토

정답입니다. 그런데 왜 그랬을까요?

시마오

도시 쪽이 뭔가 정이 없을 것 같은 차가운 느낌 때문이 아닐까 싶은데요.

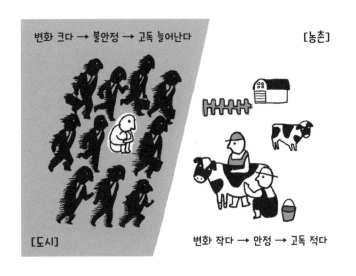

사토

차근차근 하나씩 짚어 보죠. 당시에도 역시 빈곤이 자살의 큰 요인으로 여겨졌어요. 하지만 마사리크가 조사한 결과 근대화로 더 풍요로웠던 개신교 지역의 자살률이 오히려 높았어요.

시마오

그렇다면 자살 원인은 빈곤과는 별개라는 건가요?

사토

네. 근대화한다는 건 사회가 많이 변해가는 시대였다는 거죠. 그러면 사람들은 어떻게 느낄까요?

시마오

근대화로 모두가 평등하게 풍요로워진다면 좋겠지만 현대를 봐도 그건 있을 수 없는 일이죠. 오히려 급격한 변화로 인해 낙오되는 사람이 생길 것 같고요.

사토

맞아요. 사회가 변화한다는 것은 불안정을 뜻하기도 하죠. 그 불안정한 동요에 영향을 받는 사람들이 불안해서 자살로 몰리는 것은 아닐까 추측하는 거예요. 즉 자살이란 '근대적인 현상'이라는 가설을 세운 것이 마사리크였어요. 이건 후에 사회학이나 심리학에서 확인되고 있어요.

시마오

천주교도는 근대화의 영향을 받지 않았나요?

사토

도시와 비교하면 농촌 지역은 고독이나 불안을 느끼기가 상대적으로 어려워요. 왜냐하면 농사는 가족·공동체가 모여서 해야 하고, 농사를 짓기 때문에 먹는 문제도 어떻게든 해결할 수 있기 때문이죠. 게다가 변화의 속도도 완만해서 비슷한 나날이 계속된다는 느낌 때문에 안심할 수 있어요.

시마오

왠지 현대에도 같은 느낌이 드네요.

사토

이러한 마사리크의 견해는 현대 사회를 이해하는 데 도움이 된다고 생각해요. 코로나 속에서 원격 근무를 하다 보면 필연적으로 혼자가 되기 쉽잖아요. 말하자면 도시화의 최절정이라 할 수 있는 상황이기 때문에 고독과 불안을 느끼는 것은 어쩔 수 없다는 거죠.

시마오

저는 출·퇴근하지 않아도 되니까 편하다고 생각했는데, 회사 선배 중에는 출근하는 편이 낫다고 하는 사람도 꽤 있어요. 반복되는 업무가 그토록 싫었는데 지금 생각하면 신경안정제였는지도 모르겠어요. 인간이란 동물은 늘 갖지 못하는 것을 갈구하네요.

제가 체코를 세운 사람이죠.

토마시 가리크 마사리크
Tomáš Garrigue Masaryk
1850-1937년

체코의 사회학자, 철학자, 정치인으로 체코슬로바키아 공화국의 초대 대통령이며 오스트리아-헝가리 제국으로부터 독립하기 위한 운동을 했다. 제1차 세계대전이 발발했을 때, 마사리크는 국가 반역죄로 체포될 상황을 피해 국외로 도망간다. 오스트리아-헝가리 제국 붕괴 후 초대 체코슬로바키아 대통령으로 뽑혔다.

사토

일에 효율성이나 합리성을 추구하는 것은 틀리지 않아요. 하지만 인간은 기계가 아니기 때문에 수시로 변하는 정책과 미래가 불투명한 경제 상황 속에서 평정심을 유지하는 것은 매우 어려운 일이죠.

시마오

그런 마음이 드는 게 저뿐만이 아니라고 생각하고 마음을 단단히 먹어야겠네요.

자본주의 시스템이
사람을 고독하게 한다

사토

그 밖에도 사람이 고독해지는 요인은 여러 가지가 있지만 주된 요인은 근대화, 즉 자본주의 시스템에 의한 거란 생각이 커요.

시마오

왜 그럴까요?

사토

자본주의 시스템이란 단적으로 보면 분업이기 때문이죠. 경제적인 효율성을 높이기 위해 역할을 분담해서 개개인이 거기에 집중하도록 요구하고 있어요. 그렇게 되면 본인 일이나 자기 인생의 전체상을 볼 수 없게 되죠.

시마오

분업이라면 일전에 가르쳐 주셨던 내용이네요.

사토

맞아요. 그때 나온 사람이 영국 경제학자 애덤 스미스예요(1장 참조). 스미스가 경제 성장에 필요한 것은 분업이라고 설명했다는 것은 기억하시죠?

시마오

네.

사토

분업은 생산성을 높이기 위해서는 필수 불가결한 시스템이죠. 하지만 전체가 보이지 않으면 사람들은 자신이 사회의 부품 같다고 느껴요.

시마오

분명한 건 지금 저도 회사에 있으면 그런 느낌이 들어요.

사토

그런 '부속품 같은 느낌'이 자본주의 시스템이 낳은 고독의 실체죠. 또 다른 이유로는 자본주의 시스템 속에서 인간에 대한 기본적인 평가가 돈에 의해 이루어진다는 걸 들 수 있을 거예요.

시마오

아무래도 받는 급여로 사람을 판단해 버리죠.

사토

사람을 평가하는 기준은 여러 가지가 있을 텐데, 급여 수준, 지위 등이 마치 그 사람의 전부를 나타내고 있는 것처럼 보이죠. 그것이 고독을 조장하고 있는 겁니다.

시마오

물건의 가치를 재는 돈이라는 지표가 회사에서는 그 인간 자체를 재는 기준이 되어버렸다는 거군요.

사토

그것을 두고 마르크스는 인간이 '소외(疏外)'받고 있다고 표현해요.

시마오

소외요?

사토

여기서 소외란 '소원(疏遠)하다', '거리를 두다', '분리하다' 등의 뜻에 가깝죠. 이 말을 철학적으로 사용한 사람은 독일 철학자 헤겔(Georg Wilhelm Friedrich Hegel)이었어요. 사람이 본래의 자기 자신을 알기 위해서는 자기 안에 있던 정신 세계를 드러내어 '소원'한 존재로 만들 필요가 있다고 해서 자기 소외란 표현을 사용해요.[26]

시마오

또 조금 어려워졌어요!

[26] 이 문장에서 소원(疏遠)한 존재로 만든다는 것은 자신을 객관화한다는 의미로 쓰인 것이다.

게오르크 빌헬름
프리드리히 헤겔
Georg Wilhelm
Friedrich Hegel
1770~1831년

미네르바의 부엉이는
황혼녘에 날아오른다.㉗

독일의 철학자로 근대 사상을 체계화했으며 철학 역사상 매우 중요한 인물 중 한 명으로 꼽힌다. 사물에 관한 모순이나 대립을 지양(아우프헤벤, Aufheben)하는 변증법㉘의 사고방식을 확립한다. 그리고 이성이 세계를 지배하면서 역사가 진행된다고 주장했다. 마르크스 사상은 헤겔에게 강한 영향을 받고 있다. 『정신현상학』, 『법철학』, 『역사철학 강의』, 『미학 강의』 등 다방면에 걸쳐 저서를 남겼다.

㉗
헤겔이 『법철학』에서 이 말을 쓴 이후 '철학'을 상징하는 말로 쓰이며, 또한 '거리두기'의 지혜를 의미하기도 한다.

㉘
모순 또는 대립을 근본 원리로 하여 사물의 운동을 설명하려는 논리이며, 인식이나 사물은 정(正), 반(反), 합(合) 3단계를 거쳐 전개된다고 보는 이론이다.

사토

어렵죠! 일단 여기서는 실제 자신의 것임이 틀림없었던 것이 어쩐지 자신의 것이 아닌 듯한, 익숙하지 않은 느낌, 거리감을 느끼는 경우를 '소외'로 표현하고 있다는 것 정도로 파악해 두세요.

마르크스는 이 '소외'라는 단어를 사용해서 본래 노동은 인간에게 본질일 텐데, 자본주의 사회의 임금 노동 때문에 남을 위해 물건을 만들게 되어 버렸고, 그래서 보람이 느껴지지 않는 노동 자체에 거리감을 느끼게 되었다고 말하죠.

시마오

저도 그렇게 느낄 때가 있어요. 내가 하는 일이란 게 회사에서는 극히 일부분이고, 만일 내가 없어져도 다른 누군가가 대체되면 그만이겠지 하고요.

사토

그런 의미에서는 대기업이 고독을 느끼기 쉽고, 상대적으로 중소기업이 고독을 덜 느낄 수도 있어요. 회사가 작으면 직원들이 서로를 잘 알고 지내죠. 서로 생일을 축하해 주거나, 아이가 공부 때문에 돈이 필요하면 사장이 다소 돈을 융통해 주는 경우도 드물게 있을지 몰라요. 그렇게까지 하지 않더라도 서로 얼굴을 안다는 것은 안정을 느끼기에 중요한 조건이 되죠.

시마오

직원 모두가 서로 얼굴을 알고 있을 정도의 규모가 사람을 안심시킨다는 거군요.

사토

이상적이라고 생각할지 모르겠지만 규모의 문제는 의외로 중요해요. 물론 대기업이 급여가 높을 수도 있고, 중소기업에서는 서로 아는 인간관계가 버겁게 느껴질 수도 있으니까요. 둘 다 일장일단이 있겠죠.

고소득자도 고독하다

시마오

고독이라는 게 이제 세계적인 문제가 되었군요.

사토

영국에서는 2018년에 고독담당장관, 일본에서도 2021년에 고독·고립대책담당장관이 임명되었어요. 영국 고독위원회의 보고에 따르면 고독이라는 것은 하루에 담배 15개비를 피우는 것만큼 건강에 해롭다고 하네요. 인구의 13%가 외로움을 느끼고 있으며, 그 경제적 손실은 46조 원으로 추산되고 있어요.

시마오

그렇게나 손실이 큰가요? 그리고 나라에 따라 고독 문제에 대해 대응하는 방식의 차이가 있을까요?

사토

나라 상황에 따라 다를 겁니다. 고독 문제로 머리가 더 아픈 쪽은 자본주의겠지만요. 신자유주의적 가치관이 확산되면서 중산층을 제외한 고소득층과 저소득층에 고독이 확산되고 있는 거죠.

시마오

고소득층과 저소득층에 확산되고 있나요? 소득이 높은 층도 고독해지나요?

사토

고소득층은 일에 쫓겨 고립되는 경우도 많아요. 예를 들면 한국은 일본보다 자본주의 시스템이 급속히 침투한 사회라고 할 수 있어요.

시마오

한류 드라마를 보면 대기업에 취업하거나 출세하려면 경쟁이 굉장히 치열해 보이더라고요.

사토

한국 기업에서 임원이 되는 나이는 평균적으로 50세 전후로 일본보다 빠르지만, 실제 임원 재직 기간은 2, 3년 정도인 경우가 많아요. 즉, 실질적으로 정년이 빨라진 것이니까 출세했다고 마냥 좋아할 일만은 아니죠. 그리고 나서 기다리고 있는 것은 재취업의 어려움과 그에 따른 고독감입니다.

시마오

그렇다면 자본주의가 가장 앞선 이미지인 미국도 고독 문제가 심각할 것 같네요.

사토

미국 같은 경우는 사회 전체가 그런 자본주의적 시스템이기 때문에 수입이 높은 사람이 비록 고독하더라도 인간관계를 돈으로 살 수 있는 부분이 있어요. 그래서 빈곤층만 남게 되는 상황인 거죠.

시마오

러시아나 중국은 어떨까요?

사토

두 국가 어느 쪽이든 국민이 국가를 믿지 않아요. 그래서 가족이나 공동체 등을 중요하게 여겨요. 그런 의미에서는 상대적으로 고독이라는 문제가 더 크게 대두되기는 어려울 것 같아요.

시마오

그렇군요. 그러면 일본은 자본주의라고 해도 아직 미국이나 한국보다는 나을까요?

사토

그렇다고 말할 수도 없어요. 일본의 경우는 성장 둔화로 인해 사회 전체에 여유가 없어졌어요. 히키코모리나 고독사는 더이상 특이한 일이 아니게 됐고, 여기에 코로나19 거리두기로 한층 심해진 셈이죠.

고독의 세 가지 의미

사토

그건 그렇고, 지금까지 시마오 씨는 '고독'이라는 말을 자연스럽게 사용하셨는데, 원래 고독이란 어떤 상태를 말하는 걸까요?

시마오

어, 그건 혼자라서 외롭거나 괴롭다는 거 아닐까요?

사토

사실 혼자라는 것이 반드시 고독하다고는 볼 수 없죠. 이 부분에 대해 철학자 한나 아렌트(Hannah Arendt)는 다음과 같이 설명하고 있어요.

아렌트는, 혼자에 세 가지 의미 혹은 상태가 있다고 했어요.

(1) **고독** solitude / Einsamkeit

(2) **고립** isolation / Isolierung

(3) **외롭거나 버림받은 느낌이 드는 상태** loneliness / Verlassenheit

생각 중입니다.
생각을 멈추어서는 안 되죠.

한나 아렌트
Hannah Arendt
1906-1975년

독일 출신의 철학자이며 유대인이다. 하이데거와의 만남을 통해 철학의 길로 들어선다. 1941년 나치 독일에 의한 유대인 박해를 피하려고 미국으로 망명한다. 전체주의에 대한 고찰을 차례차례 발표했다. 주요 저서는 『전체주의의 기원』, 『인간의 조건』, 『예루살렘의 아이히만-악의 평범성에 대한 보고』 등이 있다.

시마오

왠지 실타래가 엉킨 것처럼 머릿속이 뒤죽박죽됐네요.

사토

순서대로 설명해 나가죠. 첫 번째 고독(solitude)이 반드시 나쁜 상태는 아닙니다. 혼자는 혼자인데, 사람이 고독하기 때문에 '자기 자신과 대화'할 수 있는 상태이죠. 그래서 사고할 때 사람은 필연적으로 고독해집니다.

시마오

그렇군요.

사토

두 번째 고립(isolation)은 사람들이 공동체 활동을 할 기회를 박탈당한 정치적 고립이라는 의미입니다.

예를 들어 중국 정부가 홍콩에서 민주화 정당을 해체하기
위해, 민주화 정당을 힘든 지경으로 빠지게 만드는 거죠. 다
만 이 고립은 사생활에는 영향을 미치지 못하고, 생산 활동
에는 오히려 필요하기도 하다고 아렌트는 말합니다.

시마오

네에.

사토

마지막으로 외롭거나 버림받은 느낌이 드는 상태(loneliness)
인데, 이것은 완벽히 혼자이기 때문에 세상으로부터 격리되
었다고 느끼는 상태를 말해요. 가족, 친구, 국가 등과 단절되
어 살아 있는 의미를 알 수 없는 상태를 말하죠.

시마오

외롭다고 느끼는 것도 다 똑같지 않고 세분화해서 생각할
수 있군요.

사토

네 맞아요! 따로 혼자서 독서를 하거나 상상의 나래를 펼 수
있다면 그건 아렌트가 말하는 고독에 해당하며, 오히려 인
간이 무언가를 새롭게 창조할 때는 필수불가결한 것이죠.
혹은 회사에서 일을 할 수 있다면 다소 소외감을 느낀다고
해도 고립 상태에 있을 뿐이라고 생각할 수 있어요. 그 소외
감은 회사 밖에서 채울 수 있을지도 모릅니다.

시마오

그렇다면 고독과 고립은 그렇게까지 신경 쓸 필요가 없다는 의미인가요?

사토

고독은 혼자서 생각하고 창조할 기회로 파악하면 됩니다. 그리고 고립은 타인에게 의지하지 않고 스스로를 성찰하면서 해결할 수 있어요.

시마오

세 번째인 버림받은 상태/외로움은요?

사토

이 세 번째 상태가 제일 심각하죠. 정말 두려워해야 할 것은 세 번째인 버림받은 상태뿐이에요.

시마오

그 경우는 어떻게 하면 되죠?

고독은 이겨낼 필요가 없다

사토

진정한 고독인 버림받은 상태/외로움(loneliness)에서 벗어
나려면 먼저 환경을 바꿔 주세요.

시마오

네? 고독을 이겨낼 정신력을 길러야 하는 건 아니군요!

사토

정신력이란 그 사람에게 미리 갖추어져 있는 체질 같은 것
이에요. 정신력을 훈련으로 키울 수 있다고 생각해서 필요
이상으로 노력하게 되면 자신도 모르는 사이에 마음이 망가
져 버려요. 자신의 인내력을 과잉 평가하는 것은 오히려 위
험합니다.

시마오

그렇군요. 사람은 타고난 체질만큼이나 정신력도 타고나는
것이기 때문에 정신력이 강해지지 않는다는 거군요.

사토

어떤 의미에서 훈련도 가능할 수는 있겠지만 추천은 하지 않아요. 외로운 환경에 들어가서 참아낸다는 것은 상당히 힘든 일이죠.

시마오

도중에 마음이 무너질 것 같네요. 그리고 경영자는 외롭다고 말들을 하는데 직장에서 점점 지위가 높아지게 되면 역시 외로움을 느끼게 되는 걸까요?

사토

그런 측면도 있지만 지위 상승으로 고독해지는 것은 진짜 극소수뿐이에요. 그건 월급이 많으냐 적으냐가 아닌 책임을 지는지 안 지는지가 관건인 거죠. 그런 의미에서 부장이나 팀장 차원에서는 외로움까지 느끼지는 않을 것이고, 대부분의 대기업 사장도 고독하다고 말하기 어렵겠지요.

시마오

그렇습니까?

사토

대기업 사장의 대부분은 '고용된 사장'이니까요. 책임을 진다고 해도 사직하면 그만인 거죠. 오히려 중소기업 사장님이 한 성(城)의 성주이기 때문에 외로움 또한 더 클 수 있다고 생각해요.

시마오

중소기업 사장은 전장(戰場)의 장수 같은 거네요.

사토

전쟁에서 지면 성(=회사)이 함락되어 버리니까 당연히 위기
감도 크겠죠.

시마오

사토 씨도 작가라는 직업에서 오는 외로움을 느끼십니까?

사토

작가라는 직업이 본래 고독해요. 거의 혼자 하는 물리적인
작업도 있고 작가라는 직업이 스스로 작가라고 부른다고 해
서 되는 게 아니고 독자들이 책을 읽어 줘야 하니까요. 그런
의미에서 남의 인정을 받아야 하는 화가나, 늘 승부의 세계
에 있는 바둑 기사 등은 외로움을 느끼겠죠. 이런 직업을 가
진 사람은 외로움을 자기 걸로 만드는 법을 아는 사람이 많
을 거라고 생각해요.

시마오

고독을 자기 걸로 만든다는 건 그 고독을 작품으로 표현한
다는 말인가요?

사토

고독을 작품으로 표현하는 것처럼 나름대로 고민해서 고독
을 자신만의 방식으로 승화시켜 극복할 수 있어요.

시마오

고독을 힘들게 극복하려 하지 않고 장소를 바꾸거나 다른 걸로 승화시키면 되겠네요. 말씀을 듣고나니 이제는 혼자만의 시간을 즐길 수 있을 것 같아요.

실체 없는 SNS가
우리의 고독을 치유할 수 없다

시마오

이상한 게 있어요. 요즘은 스마트폰이나 SNS 등으로 쉽게 사람들과 연결될 수 있는데 외로움을 느끼잖아요?

사토

결국 SNS에서의 관계라고 하는 건 환상일 뿐이에요. 서로 연결되어 있다고 생각해도 그건 본질적인 것이 아니기 때문에 불필요하게 고독을 느끼게 되는 거죠. 실제로 SNS로 서로 소통하고 이야기한다고 합시다. 그런데 만약 시마오 씨가 어떤 문제에 휘말렸을 때 정말 도와줄 사람이 몇 명이나 된다고 생각하세요?

시마오

실제로 전화하면 가족을 제외하고는 정말 적네요. SNS 친구라고 해도 그중에 정말로 친한 사람이 얼마나 있을지 모르겠네요.

사토

그렇죠.

시마오

게다가 트위터를 보면 매일 많은 사람이 그곳에서 언쟁을
벌여요. 물론 좋은 것이 있으면 공유되는 긍정적인 연쇄 반
응도 있지만 그 이상으로 부정적인 감정이 서로 꿈틀거리는
거리는 것 같아요.

사토

디지털 커뮤니티 공간에는 실체가 없기 때문에 착각해 버리
는 거죠.

시마오

디지털 공간에서 실체란 뭔가요?

사토

눈앞에 있는 사람에게 폭언하면 자칫하면 상대에게 물리적
으로 얻어맞을 수도 있겠죠. 그래서 보통은 화가 나더라도
그것을 직접적으로 입 밖에 내는 일은 거의 없습니다. 하지
만 SNS를 하게 되면 많은 사람이 그걸 잊어버려요.

시마오

확실히 평소 같으면 말하지 않을 만큼 큰일이거나 심각한
일을 SNS상에 써 버리는 경우가 있어요.
사토 씨는 가끔 메일에서 받는 인상과 상대방의 실제 인상
이 달라서 놀라는 일은 없나요?

사토

그런 사람은 조심하는 편이 좋아요. 저는 메일을 읽고 이상하다고 생각하면 답장도 하지 않고 그 사람과 친분을 맺지 않아요.

시마오

사토 씨답네요.

사토

코로나19와 같아서 아예 없어지도록 만들기는 어렵겠지만 고독, 불안이란 게 인간이 인간으로 존재하기 위한 조건이라고 할 수도 있거든요. 그걸 제시한 두 철학자의 말을 소개해드릴게요.

> ❝
> **불안이란 인간의 근원적 자유가 체험하는 아찔함이다.** [20]
>
> 『불안의 개념』, 키에르케고르

[20]
불안은 인간이 밝은 곳에 있다가 어두운 동굴 속을 들어가서 느끼는 현기증과 같은 것이라고 키에르케고르는 불안의 본질을 규명했다.

> ❝
> **외로움을 사랑하지 않는 사람은 자유를 사랑하지 않는 인간과 다름없다. 왜냐하면 외로울 때만 인간은 자유롭기 때문이다.**
>
> 『고독과 인생』, 쇼펜하우어

사토

이 의미는 즉 인간이 자유로운 한, 고독이나 불안을 느끼는 것은 어쩔 수 없다는 말이죠. 시마오 씨가 지금 고독하다고 느끼는 건 시마오 씨가 자유롭다는 증거이기도 한 거예요.

시마오

자유로우니까 고독하다는 건가요?

사토

네, 맞아요! 사람은 죽을 때까지 고독과 불안에 시달리죠. 하지만 자유는 고독과 교환해야만 얻을 수 있어요. 그런 의미에서 고독을 희망으로 볼 수도 있어요. 그러니까 자신의 인내력을 제대로 파악하고 평소 고독이나 불안과 잘 지낼 수 있는 방법을 찾아 두세요.

시마오

네 알겠어요. 자유롭게 살기 위해서 필요한 것이라고 생각하니 외로움을 느끼는 방식도 달라질 것 같아요. 매우 감사했습니다.

고독은 극복하려 하지 말고 철저히 피하는 게 좋다

현대인이 고독을 느끼는 건 어떤 의미에서는 어쩔 수 없는 일이죠. 왜냐하면 자본주의 사회에서는 일을 포함해 모든 게 분업화되었기 때문이에요. 우리는 도시에서 살고 있으며 회사 안에서 할당된 일을 하죠. 그 때문에 인생 전체의 그림이 잘 보이지 않게 된 거예요.

자신이 누군가에게 버림받은 기분을 느꼈다면 그때는 바로 본인의 환경을 바꿔 보세요. 삶의 장소, 일하는 곳을 바꾸는 것만으로도 외로움에 변화가 생길 거예요. 위험한 경우는 고독을 이겨내는 게 '강한 인간의 증거'인 듯이 필요 이상으로 노력하는 거예요. 사람에게는 저마다 타고난 인내력이 있으므로 자신을 과대평가하지 말고 지금 안고 있는 감정이 좋아질 수 있도록 주변 환경을 바꿔 보는 겁니다.

반대로 혼자 있어도 '나와의 대화' 속에서 새로운 창의력이 생겨날 수 있어요. 이것이야말로 인간을 자유롭게 하고, 자신이 자신이라는 의미를 가르쳐 주는 것이지요. SNS 등에서 타인과 표면적으로 사귀는 것보다 자신의 고독과 잘 어울리는 것, 자기 자신과 커뮤니케이션을 잘하는 것이 앞으로의 긴 인생에 있어서는 매우 중요합니다.

시 마 오 는 생 각 한 다 , 고 로 시 마 오 는 존 재 한 다 .

여기까지 읽어 주신 여러분들 중에는 제가 지금 어떻게 지내는지 궁금해
하시는 분들도 계실지도 모르겠네요.

결론부터 말하면 저는 지금도 같은 회사에서 일하고 있어요. 여전히 저보
다 잘난 동료 후배도 많고 승승장구하는 동기를 따라잡을 수 없을 것 같은
기분도 들어요.

하지만 서두에서 밝혔듯이 앞이 보이지 않는 불안으로 고민하던 하루하루
에서 해방되었어요.

뭐가 달라졌는가 하면, 아마 그건 '사고하는 방식'일 것 같아요. 지금의 저
는 세상사를 불안하게 생각하지 않기 때문인지 평온한 마음으로 자연스럽게
앞을 내다볼 수 있어요. 마음 챙김과 관련된 것처럼 들릴지 모르겠지만 긍정

적으로 생각해야 한다는 식으로 억지로 견디고 있지 않아요.

사토 씨가 가르쳐 준 것은 무리하게 애쓰지 말고, 앞을 내다보기 위한 사고를 단련해 가다 보면 길은 확실히 열린다는 점이에요.

우리가 사는 사회는 어렵지만 사람을 짓밟고 이기지 않아도 행복하게 살 수 있어요.

그래서 필요한 것은 단순한 비즈니스 스킬이 아닌 사물의 본질을 아는 것이에요. 본질을 알면 문제를 해결하는 방법도 보여요. 그걸 위해 일상에서 할 수 있는 일을 사토 씨가 이야기해 주었던 거죠.

옛날에는 일하다가 실패하면 '뭐가 문제지?'라며 자책만 할 뿐 아무것도 할 수 없었지만, 이제는 냉정하게 실패의 원인을 돌아볼 수 있어요. '못하는 일보다 잘하는 일로 만회하면 되겠지'라며 새로운 시도도 할 수 있게 됐어요.

그렇다고 해서, 돈, 인간관계, 감정 조절, 일에 대한 보람을 포함한 걱정이 전부 해결된 건 아니죠.

어쨌든 사토 씨에게 이야기를 듣기 전에는 갖고 있던 불안이 어떤 형태를 하고 있는지조차 알 수 없었지만 지금의 나에게는 '적'이 어떤 모습을 하고 있는지가 보여요.

유령처럼 모습이 보이지 않으면 쓰러뜨릴 수 없지만 불안의 형태를 알면 약점이 어디에 있는지도 알 수 있죠. 그래서 현실적인 대처를 할 수 있을 것 같아요.

힘이 들 땐, '사토 씨라면 이럴 때 어떻게 말할까?'라고 생각해요. 답을 들으러 가고 싶어지는 마음을 꾹 참고 조금 노력해 보죠.

사토 씨와의 대화는, 나에게 있어서 '부적'과 같은 거예요. 이 부적을 여러분들과 공유할 수 있다면, 그리고 같은 시대를 살아가는 동시대인으로서 조금이라도 좋은 미래를 함께 만들어 갈 수 있다면 저는 행복합니다.

네코노 시마오

이 책을 통해서 제가 독자 여러분께 전하고 싶은 것을 요약하면요.

'지나치게 애쓸 필요는 없겠지만, 적절한 노력은 필요하다. 인생에 행운이나 불행이 있더라도 긍정적으로 살다 보면 길은 반드시 열린다'라는 단순한 진실이에요.

여러분들이 이 책을 다 읽고 난 뒤에는 삶에 어떤 긍정적인 변화가 생겼으면 좋겠습니다.

마지막으로 이 책을 출판하는 데 도움을 주신 (주)매거진하우스 마츠다 유코(松田祐子) 씨에게 감사 인사드립니다.

2021년 9월 13일
아케보노노바시(도쿄도 신주쿠구)에서
사토 마사루

참 고 문 헌

01 堂目卓生『アダム・スミス-'道徳感情論'と'国富論'の世界』中公新書

02 ゲオルク・ジンメル『貨幣の哲学』居安正訳、白水社

03 エピクテトス『人生談義』國方栄二訳、岩波文庫

04 木田元『現象学』、岩波新書

05 岸見一郎・古賀史健『嫌われる勇気 自己啓発の源流'アドラー'の教え』ダイヤモンド社

06 アリストテレス『ニコマコス倫理学』渡辺邦夫・立花幸司訳、光文社古典新訳文庫

07 レベッカ・ソルニット『災害ユートピアなぜそのとき特別な共同体が立ち上がるのか』高月園子訳、亜紀書房

08 伊藤邦武『プラグマティズム入門』ちくま新書

09 大賀祐樹『希望の思想 プラグマティズム入門』筑摩選書

10 今道友信『西洋哲学史』講談社学術文庫

11 マックス・ウエーバー『プロテスタンティズムの倫理と資本主義の精神』中山元 訳、日経BP クラシックス

12 マックス・ウエーバー『仕事としての学問 仕事としての政治』野口雅弘 訳、講談社学術文庫

13 三木清『人生論ノート』、新潮文庫

14 スピノザ『エティカ』工藤喜作、斎藤博訳、中公クラシックス

15 國分功一郎『はじめてのスピノザー自由へのエチカ』講談社現代新書

16 ウオルフガング・ロッツ『スパイのためのハンドブック』朝河伸英訳、 ハヤカワ文庫

17 ニーチエ『道徳の系譜』木場深定訳、岩波文庫

18 ニーチエ『ツアラトゥストラはこう言つた』氷上英廣訳、岩波文庫

19 山本芳久『トマス・アクィナス』、岩波新書

20 鬼界彰夫『ウイトゲンシユタインはこう考えた哲学的思考の全軌1912〜1951』講談社現代新書

21 長谷川宏『新しいヘーゲル』講談社現代新書

22 ハンナ・アーレント『全体主義の起原』大久保和郎訳、みすず書房

23 キエルケゴール『不安の概念』斎藤信治訳、岩波文庫

24 ショーペンハウアー『幸福について』鈴木芳子訳、光文社古典新訳文庫

퇴 ― 사가
간절한 날에 읽는
철학 이야기

| **초판 1쇄 인쇄** 2022년 11월 14일 | **초판 1쇄 발행** 2021년 11월 25일

| **지은이** 사토 마사루 | **옮긴이** 최현주

| **발행인** 김태웅 | **책임편집** 이지은 | **디자인** syoung.k | **마케팅 총괄** 나재승 | **제작** 현대순

| **발행처** (주)동양북스 | **등록** 제 2014-000055호(2014년 2월 7일)

| **주소** 서울시 마포구 동교로22길 14 (04030)

| **구입문의** 전화 (02)337-1737 팩스 (02)334-6624

| **내용문의** 전화 (02)337-1763 이메일 dybooks2@gmail.com

| **ISBN** 979-11-5768-835-7 03100

이 책에는 강원교육모두 서체가 적용되어 있습니다.